板倉聖宣の考え方

授業・科学・人生

はじめに

　これまで僕（小原）は、中学校・大学で教師生活を43年間つづけています。そして、「あー、子どもたち（大学生たち）の笑顔に囲まれたシアワセ教師人生をおくっているなー」と心から思っています。こんな今の僕が在るのは、そうっ、板倉聖宣さんと、そして仮説実験授業とに出会えたおかげなのです。

〈仮説実験授業〉は教師1年生だった僕に「本格的な科学の授業」の実践を可能にしてくれたし、〈板倉聖宣さんの考え方〉は僕に授業・教育の枠を超えた「刺激的な充実人生」を可能にしてくれました。といっても、じつはこの僕、正直言って、板倉さんの著書を全て読んでいるわけではありません。それどころか、僕は読書をあまりしない方だと思っているのです。「勉強」って感じが嫌いなんです。〈教育〉って、恐ろしい一面をもっているのですねぇ。

　しかし、そんな僕でも〈新しい世界・考え方〉には触れたいんだよなー。だから、それほど長くなく、しかも知的刺激をしっかりと与えてくれる文章にはとても飢えているのです。そんなわけで、「これ、どういうことなんだろう?」「板倉さんはどう考えているんだろう?」と、とても気になる、あるいはとても困ったことに出会ったときにだけ、板倉さんの著書の中でも気に入った本の、しかもその中の「気に入った所」を中心に読んでいるだけなのです。そんな僕にとって、犬塚清和さんが編集・抜粋・紹介してくれる「板倉さんの言葉や短文」は（つまり、この本のもとになった『たのしい授業』の連載記事は）とてもありがたかったのです。――あー、いい所を取り出してくれてるなー。しかも読み応えがあるなー。それもそうだな、仮説実験授業の考え方や板倉哲学の基礎・基本が詰まっているんだもの！

これなら、僕、自信を持ってみなさんにおススメできる。それに、この長さ。1テーマがたったの3ページ。だから、「本離れ」と言われている若者たちにだって手にとってもらえそう！

板倉聖宣さんのファンにはすごくうれしい本だと思うけど、「イタクラ・キヨノブ」をまだ知らない方にも、「この世界」はぜひおしらせしたいです！

ところで、この本の中には30人の板倉さんが時空を超えて並んでいるような気がします。だから、どの板倉さん会いにいってもいいのです。どこに行っても、常識を超えた〈新しいものの見方・考え方〉に触れることができるので、「えっ、これってどういうこと？」って感じで、たちまちノーミソが活発化してくるはずです。たとえば、巻頭の出だしは次のように書かれています。

「考える」というのは、〈原理原則に基づいて考える〉ことです。「自由に考える」という人がいますが、人間は自由になんか考えられません。「考える」ということは不自由になることです。

――えっ、これってどういうことなんだ？

では、「自由に考える」とはどういうことなのでしょうか。それは、「その見方や考え方によって新しい真理が見つかるかどうか」にかかっています。どんな原理原則から考えていくかということで、考え方の筋が違ってきます。〈これまでとは違う原理に従って考える〉ことが「自由に考える」ということです。

これ、とっても斬新でラディカル（根源的）。う〜ん、おもしろそう！

さらに先に読み進むと、ちゃんと具体例を示した文が続いていて、「なるほど、こういうふうに考えていくとパーッと〈新しい世界〉が見えてくるんだー」という気持ちになってくるのです。あなたも、今、ちょっと「立ち読み感覚」でページをめくってみませんか。（ダイジョウブ！ほんの3ページ分なので店員さんには叱られませんよ）

「う〜ん、これだけでは私、よくわかんな〜い」という方もいらっしゃるかもしれません。じつはこれ、講演や著書の抄録ですから「わかりづらさ」を感じる方が自然かもしれないのです。そういう方は、すぐ後に続く犬塚清和さんの文に触れてみてください。ちょっと違う角度から、「板倉さんの考え方」を広げてくれています。まるで〈ラブレター〉のようにね。その後に続く僕の文も、僕なりの〈読後感想文〉です。「僕、こんなふうに自分の人生にあてはめてシアワセを見つけています」って感じです。ただし、自分でも不思議に思うのですが、自分の問題意識によって「こんなふうに読みました」という感想が読む度にちがってくるのです。だから、この本は、少なくとも僕にとっては「一回通読しておしまい」という本ではありません。

みなさんも、よかったら、あなた自身の〈新しい世界発見〉〈シアワセ発見〉の旅に出てみませんか。

二〇一八年　夏

小原茂巳

板倉聖宣の考え方

授業・科学・人生

板倉聖宣・犬塚清和・小原茂巳

1

これまでとは違う原理に基づいて考える

「考える」というのは、〈原理原則に基づいて考える〉ことです。「自由に考える」という人がいますが、人間は自由になんか考えられません。「考える」ということは不自由になることです。多くの人の場合、考えるときには「原理原則」よりも「事実」の方に力点がかかってしまいます。たとえば、どうしてみんなが「江戸時代の農民はアワ・ヒエばかり食べていた」ということを信用するようになったのでしょうか。それは、いろんな文章に書かれている「江戸時代の農民はお米が食べられなかった。悲惨な生活をしていた」という事実をもとにしているからです。

文章は何かのために書かれるものです。Aという目的のために書かれた文章を、そのまま「A」と読むのは怪しいです。しかしAという目的で書かれた文章をCという目的のために読むのであれば、それはたいてい信用できます。つまり、〈書かれた目的に合わせた読み方をしてはいけない〉ということです。江戸時代の農民は米を食べていたから「米を食べるな」という御触れが何回も出されているのです。

人間は常に間違えるから、間違っているかどうかをチェックしながら考えていくことが大切です。「AさんとBさんとCさん、それぞれの意見を取り入れて考えることが自由に考えることだ」という人がいますが、これほど不自由な考え方はありません。「折衷《せっちゅう》する」ことが、自由に考えることではありません。そんなことをすると支離滅裂になってしまいます。

では、「自由に考える」とはどういうことなのでしょうか。「自由」か「不自由」か、どうやって決まるのでしょうか。それは、「その見方や考え方によって新しい真理が見つかるかどうか」にかかっています。どんな原理原則から考えていくかということで、考え方の筋が違ってきます。〈これまでとは違う原理に従って考える〉ことが「自由に考える」ということです。

＊

原理原則といってもいろいろあります。「入学試験に受からなきゃ子どもがかわいそうだ」という原理原則をもっている人もいます。「生活指導をきちんとしないと子どもは非行化してしまう」というのも、ある人たちからすれば原理原則です。しかし、〈入学試験に落ちた子がすべてかわいそうな人生を送っている〉ということもないし、〈規則で縛らないと子どもが非行化する〉ということも必ずしもいえません。だから、それは原理原則とはいえないと思います。

だからといって、「子どもたちが楽しかったと思えるような授業をする」という私たちの原理原則は、他の人にとっても原理原則かといえば、必ずしもそうではありません。「楽しい授業も大切だけど、きびしい授業も大事だ。子どもたちに学力をつける必要がある」という考え方もあるからです。だから、「どういう原理原則から出発するか」ということでその人の党派性が決まります。

「たのしい授業学派」とか「仮説実験授業学派」というのは、〈子どもたちが「楽しい」と言ったら楽しいんだ。楽しいという子どもたちに依存してやらなければいけない〉という原理原則をもとにしています。そしてさらに、〈子どもたちが楽しいと思っているかどうかは教師が外から見ていただけではわからない。楽しいかどうかは子どもたちに聞いてみなければわからない〉という原理から派生する「判定法」まであるのです。だから「学派」、「党派性」というのができます。

原理原則というのはそんなに多くありませんが、その選び方というのはその時々で、ずいぶん違ってきます。だから時々は、「ぼくたちはどういう原理原則で考えていけばいいのか」を考えることが必要だと思います。

（板倉聖宣、一九九〇年12月、「板倉式発想法に学ぶ会」愛知。『哲学的とはどういうことか』つばさ書房、二〇〇四年に収録）

もっと勉強すれば……

「自由に考えたい」というのは、誰もが憧れることではないでしょうか。「自由に考えるとは、これまでとは違った原理に従って考えることだ」と板倉さん。「自由」というのは、これまでとは違った〈新しい束縛の世界〉に入ることなのでしょう。ナルホド！「私は、勉強する人も好きですし勉強しない人も好きです」と板倉さん。それを聞くとホッとしますが、勉強しない人を〈する気〉にさせてしまうのが仮説実験授業であるような気もします。

ずいぶん前のことです。「同じ授業書の授業を2回目にしたとき、1回目のときほど楽しくなかった」といった発言がありました。そのとき板倉先生が言われた言葉が強く印象に残っています。――「授業をすると先生はいろいろ知ってしまうでしょ。感激がなくなるのも仕方のないことだから、もっと勉強すればいいんです。子どもの意見を聞いて、〈今の意見はガリレオと同じだ〉〈ファラデーと同じだ〉とか思えたら楽しいでしょ」

なるほど！と思いましたが、ぼくがこの言葉を実感したのはだいぶ後、若い人たちを巻き込んで「西川さんの授業を学ぶ会*」を作ってからのことです。若い人たちと一緒に学ぶことによって、授業をする自分に緊張感が生まれたこともあるし、お互いが〈学んだ人たちに学ぶ〉という相乗効果があったように思います。

*「授業のねうちは子どもがきめる」を合い言葉に一九八七年に旗揚げ。会はやがて自然消滅したが、その思想は健在。西川浩司『授業のねうちは子どもがきめる』（仮説社、一九八六年）参照。

年をとったせいなのか、自分のやりたいことに集中しているためか、実感はないけれど、いま、社会のいろいろなところで「格差の拡大」が問題になっています。

教育の社会はどうでしょうか。もしかしたら教師の中で「楽しさの格差」が広がっているのではないか、という気がしないでもありません。現実にそういうことが起きているとしたら、これは子どもたちに直接かかわることで、大きな教育問題です。その解決のカギは、やはり「たのしい授業の原理」を一人一人がもつことでしょう。

（犬塚清和）

自分のすばらしさを発見していく子どもたち、そして僕

僕は大学生のとき、教育心理学の講義で仮説実験授業を知りました。先生の話を聞きながら、「この授業は子どもたち自身が楽しいと思えるような授業をめざしているのだ。徹底的に子どもたちの側に立っている。カッコイイなあ」と感激しました。「これこそが僕が求めていた理想的な教育だ」と思いました。

ところが、教師として中学生の前に立った途端に、思い描いていた理想がブレ始めました。「本当に楽しいだけでいいのか?」「子どもたちの評価って信頼できるのか?」「こんな理想主義は現場では通じない。こりゃ、だめだ」と弱気になっていきました。

そんな僕が、「やはり子どもたちが楽しいと思える授業をすることこそが一番大切なんだ」と確信するようになったのは、迷いながらも仮説実験授業を実施してからのことだったのです。

授業中、ずっとだるそうにしていた生徒、落ち着きのない生徒、勝手なことを言う生徒……そんな彼

らが、なんと仮説実験授業のときにはみんな夢中になって授業参加してきたのです。感想文に「やっと俺の出番が来たぜ!」と書いてきたツッパリ君もいました。優等生さんも含めた教室のほとんど全ての子どもたちが「こんなたのしい授業は初めてだ。また次もやってね!」と要求してきたのです。

みんな、自分に自信をもって授業に参加してるじゃないか! そんな子どもたちのことを、僕は心から素晴らしいなぁと思いました。そして「子どもは十分に信頼するに足る存在、いや尊敬すべき存在でもあるのだ」と思えるようになりました。さらに、尊敬すべき子どもたちの笑顔に囲まれているうちに、なんと僕まで、教師としての自信を少しずつ持てるようになってきたのです。

そんな僕は、はじめて「たのしい授業学派」という言い方を知ったとき、単純に「カッコイイなあ」と思い、「僕だってそう名乗ってもいいだろう」と思いました。そして勝手にそう名乗ってみると、改めて「たのしい授業学派ってなんだろう」と考えるようになり、「そんな視点をもったおかげで考えられることが多い」ことにも気づきました。

たとえば、中学教師をしていると様々な局面に出くわします。そのたびに僕は、「こんなときどう対応するのが〈たのしい授業学派〉なんだ? まず押しつけはダメだし」などと考えてきたのです。そのおかげで、僕は心から「楽しかったなー」と言える教師生活を送り続けることができました。

二〇一〇年4月からは明星大学常勤の「先生」として新しいスタートです(これまでは、中学が常勤で大学には非常勤講師として通っていました)。大学でも多くの学生たちに仮説実験授業の素晴らしさを伝えています。だって、大学生たちとも笑顔いっぱいの日々を送りたいですからね。　(小原茂巳)

2

科学は自然発生しない

先日（一九八八年）、中国の師範学校の物理学の助教授という方が研究所に訪ねてこられました。私より5歳ほど年下の女性で、今年4月から横浜国立大学に留学している方です。仮説実験授業のことは向こうにいるときから知っておられたようです。中国の人民教育出版社（国定教科書を作っているようなところ）の物理教育の権威の方から「仮説実験授業についての勉強もしてくるように」と言われたこともあるようですし、ご自身も「授業書の1つくらい翻訳したい」と言っておられました。

その先生と話したときに申し上げたんですが、「仮説実験授業の一番原理的なことは何か」と。これはいろんな言い方がありますが、仮説実験授業のもっとも基本的な考え方の第一は、**科学は自然発生しない**ということです。似た言葉に「生物は自然発生しない」というのがあります。この言葉はおかしい、という人がいます。そうですね、地球上に始めは生物がいなかったのですから、自然に発生したはずです。この地球のある時期に生物は一度だけ自然発生し、それっきり自然発生しない。そのチャンスは一回しかなかったのです。それは、発生しかけても他の生物に飲み込まれてしまって、安定的に発展できないからです。

「科学は自然発生しない」というのも同じことです。私は〈科学らしい科学は古代ギリシャに生まれた〉と考えています。古代ギリシャに原子論が発生して、それが世界中に伝播《でんぱ》していきました。ギリシャから最も遠い国の一つである日本にも伝わってきました。「科学は実験と観察からはじまる」という人たちは、「科学は自分で実験・観察すればできる」というふうに思います。私も小学校中学校時代には真面目にそう考えていました。だから、「英語なんか勉強する必要はない」と固く信じていました。ところが、科学は自然発生しないのです。

みなさんだって教科書や指導要領に書いてあることをひっくり返すのは大変でしょ。「よくない」と思っても、「教科書や指導要領の背後にはたくさんの知恵や伝統が入っている」と言われればその通りです。ひっくり返すのは大変です。

だから、誰かが素晴らしい科学を作っているときには、模倣するほうが勝ちです。創造性を発揮して、自分で一生懸命に研究しようとしてもダメです。〈模倣することの大事さ〉の発見は、創意工夫しようとして失敗したたくさんの人たちの貴重な経験の成果なのです。努力に努力を重ね、創意工夫を重ねて失敗した代償として、「やっぱり科学は学ばなければダメだ」となるわけです。「優等生根性、模倣根性」といってバカにできません。仮説実験授業というものができたら、仮説実験授業の成果をできるだけ正確に全部受け継ぐのが勝ちです。科学というのは、そういう性格をもっているのです。うまく成功した考え方にのっとって考える他ないのです。

そういう点では、優等生的に考えなきゃいけない。ただ、「初めから言うことを聞く」という優等生ではなしに、「やっぱり先人から学ばなきゃいけない」とつくづく感じて、学びながら、しかも〈はみ出さざるをえないときにははみ出る〉という学び方が大事です。そういう意味で、仮説実験授業の基礎というのは「科学は自然発生しない」ということ、それはつまり「〈学ぶ必然性〉を決定的に重視する」ということでもあるのです。

（板倉聖宣、一九八八年8月、「科学入門・仮説実験授業講座」愛知。
ガリ本『かわりだねの科学者たち』ガリ本図書館＊）

＊〔ガリ本〕

自発的に書いた原稿を、出版社の手をかりないで簡易な印刷・製本をした（私家版の）書籍や雑誌。もともとは「ガリ版」で印刷されたので、素朴な見かけでそれとわかったのですが、パソコンやプリンターの普及により、見た目にはかなり豪華な「ガリ本」も生まれています。

「ガリ版」は、ロウびきの和紙を鉄ヤスリの上に置いて、先の尖った鉄筆で文字を書いて原版をつくります（これを〈ガリ切り〉という）。字を書いている間、ガリガリガリという音がするので「ガリ版」と呼ばれたのですが、印刷形式としては孔版《こうはん》印刷です。一九七〇年代までは最強の大衆的な複写手段でした。（28ページに続く）

楽しい教師は自然発生しない

この4月から職場が中学から大学へと変わった。大学での生活が10日も過ぎているというのに、気持ちがシャキッとしない。「これは一体どうしたことか」と思っていたら、昨日あたりからソワソワしてきた。

中学教師のときと同じような、このワクワク感! そう、いよいよ明日から授業がはじまるのだ。僕の充実感というのは、どうも〈授業〉から生まれてくるらしい。

まずは授業書《力と運動》の問題から入ろう。大学生たちは予想を楽しんだり、討論したり、実験の

結果に感激するだろう。

「歓迎されるに違いない」と予感できる授業の準備ができたときに、胸がときめいてくる。

3月30日の午後、引越しの荷物を研究室に運んでいたら、卒業式を終えたばかりの学生たちの大群とすれ違った。すると、その中から突然大きな呼び声が聞こえた。

「あっ、小原先生だ。先生の授業、楽しかったよ!」

「先生、俺、この4月から富山で小学校の先生をすることになったよ!」

1年前に僕(非常勤講師)の「理科教育」を受けた学生たちがいたのだ。僕は突然の事態に驚き、照れてしまって、「ありがとう。卒業おめでとう!」とありきたりの言葉しか返せなかった。でも、学生の一人が何か思い出したように、また叫んだ。

「あ、そうだ! 俺、小学校で仮説実験授業をやるからね~」

僕はうれしくなって、「いいね、仮説やるといいよ！　たのしい教師生活が送れるからね！」と、心からの声で応えることができた。

そうなんだ。「たのしい授業」とか「たのしい教師」なんて、自然発生しないんだ。僕は自分の仮説実験授業との幸運な出会いと、それからの教師生活を振り返って、しみじみとそう思う。だから僕は、未来の先生（今の大学生）たちに「仮説実験授業とその考え方」を紹介し続けているのだ。　（小原茂巳）

授業書の発明

仮説実験授業には「授業書」という〈板倉さんが発明した素敵な財産〉があること。それは、ぼくたちにとってとても幸せなことです。

ぼくが今授業をしているのは、通信制のルネサンス高校です。年に1回のスクーリングの中で、理科の授業は3時間です。授業書をそのまま全部使うには時間が足りません。今年は、授業書《原子とその分類》を「3時間で完結」できるように編集して授業をしています。

生徒の感想文を紹介します。
★一番楽しかったことは、原子の勉強でした。原子のことは全然知らなかったので、へえ、そうなんだと思ったり。原子のまわりを電子が回っているのを知ったときとか。また来年も楽しみにしています。（愛知県、谷本良介）
★理科はもともと好きですが、先生の授業は今まで受けた中でも特に面白かったです。一生忘れないようにします。それと、先生の手紙にあった「身

近な発明の話」にとても興味をもちました。これからも楽しい授業を続けてください。（佐賀県、藤原慎也）

「先生の手紙に…」というのは、生徒に配っているぼくからのメッセージです。ぼくはそこに、次のような文章を書きました。

＊

『身近な発明の話』（仮説社）という本に、「コンニャクの発明物語」という話が載っています。日本で最初にコンニャク芋から「コンニャク粉」を取り出すことに成功したのが、ルネサンス高校のある茨城県大子町《だいごまち》の若い百姓・中島藤衛門《とうえもん》です。江戸時代の中ごろのことです。自分の仕事が楽になり、他の人に役立つ発明はどのようにして生まれたかについて、他にも「世界最初の電磁石」「自動改札のなぞ」など、楽しく読み進められる話が載っています。

この本の著者・板倉聖宣さんは、「解説」で次のように述べています。

「（発明など）何事も、その初期の段階では、知識よりも興味・関心と実行力のほうが物をいうわけです。その点、今の日本の教育は、興味・関心よりも知識ばかりを重視しているように思われてなりません」

自分らしく生きて、人々の役に立つ仕事をしようとするなら、自分の興味・関心と実行力を大事にしていくことです。理由はどうであれこのルネサンス高校を選択したあなたたちは、ぼくが期待する人たちです。それは、あなたたちがふつうの高校生たちよりも「自分」をちゃんと見つめているからです。いい大人になってくださいね。ぼくも「いい爺ちゃん」でいられるように、楽しく勉強していきます。

（犬塚清和）

3

石橋をたたいて堂々と渡る

これまでの日本の教育界では流行が多すぎました。研究が爆発的な普及——流行に耐えうるほどに十分準備されていないうちに流行がおこり、その流行の嵐がすぎ去ったあとでは、価値ある研究の成果までがばかにされるというようなことがしばしばおこりました。一度流行化してしまったら、あらゆるところから出てくる疑問にこたえるだけでなく、全力をあげて、あらゆる誤解や悪口と闘わなければなりません。その闘い方いかんで流行化を小規模におさえ、急速にして着実な発展の基礎を築くこともできるのです。私たちが好むと好まざるとにかかわらず、そういう事態がやってくる可能性が大きいと思うので、そのための準備をしなければならないのです。

それなら、何を準備すべきなのでしょうか。研究をさらに着実に発展させることが、その準備だといえるでしょうが、問題はどのような方向に発展させるか、ということです。流行化に対処するためには、理論とその実験的証拠がだれの目にも理解しやすいような形で準備されなければなりません。少数の仲間うちでは「どうもこういう気がする」とか「だいたいこうだった」でも納得しあえることでも、多くの人びとを相手にするときには、だれをも納得させずにはおかない確実な証拠と論理とを必要とするのです。その点、私たちの研究はまだ自己納得的で、他人説得的になっていないように思われます。せいぜい〈味方説得的段階〉で、〈敵説得的な段階〉まで達していません。研究をそういう段階にまとめあげる仕事を急速に進めることが大切でしょう。

それから、もう一つ心すべきことは、〈確実な証拠を持っていること〉と、〈まだかなり確からしい仮説としてしかいえないこと〉と、〈かなり漠然とした予想にすぎないこと〉とを混同しないで提示することです。流行化の恐ろしいのは、このような区別をもみ消してしまうことにあるからです。このための準備をするためには、実はまず先にあげた敵説得的な論理を鍛えることをしなければなりません。敵をも説得しうる確実な証拠を持った事柄をシャープに押し出すことによってはじめて、まだそのような段階に達していない考え方も、はっきりとしてくるからです。

しかし、なによりも心すべきことは、私たちが仮説実験授業の流行化——爆発的普及を望んでいるものではない、ということを常に明確に宣言すべきことです。教育の発展のためには、確かなことを確かな仕方で、着実に普及していかなければならないので、権力的な方法や、ジャーナリスティックな方法をかりて安易に普及させていこうとする考え方は、根本的に私たちの理論と相容れるものではないということを明らかにしなければなりません。仮説実験授業は、いわゆる思想運動や主義の運動ではなく、科学の運動なのです。科学はわかろうとすればだれにでもわかるはずだし、だれにでもわかるものでなければ科学ではないのです。そういうものと流行とは抜本的にあいいれないのだ、ということを明らかにしなければなりません。

しかし、だからといって研究の普及に臆病になってはいけません。ただ、表面的な人気取りがいけないのです。石橋をたたきながら堂々と渡ることが必要なのです。仮説実験授業の成果はすばらしいのです。なんでそれを黙っていられましょう。そんなことは偽善です。いち早く、できるだけ早く、そのすぐれた成果を広げなければならないと思うのは当然です。しかしそれは、仮説実験授業という名称や一部のテクニックだけであってはならないのです。「一部だけ普及しても従来の授業よりずっとよくなる」ということもいえますが、それはやはり仮説実験授業そのものではないことがはっきり宣言されての上でなければなりません。仮説実験授業は、科学教育学の最初の理論として、一つのヒューマニスティックな思想として、確実にその支持者を広げていかなければならないのです。

いまの指導要領のもとでは、現場で仮説実験授業を着実に進めるのはたいへんなことです。そこで流行化でもした方がやりやすくなると思われることがあるかも知れません。しかしそれは一時のことです。みんなの力をあわせて一つ一つ障害を乗り越えていきましょう。新しい科学を築くためには、ガリレオやダーウィンが経験したような社会的困難を乗り越える必要があるのです。それは決して頭のよさの問題ばかりではなく、社会的な態度、根性の問題です。

（板倉聖宣、一九六六年3月、「1966年と仮説実験授業」『科学と仮説』季節社所収）

「石橋」をたのしく渡る

ぼくの大好きなこの板倉さんの文章「1966年と仮説実験授業」を『仮説実験授業研究会ニュース』に再紹介しました。すると「アンダーラインで半分以上が埋まってしまいました。毎日この論文を音読しようと決意し、仕事部屋で実行しています」という上廻《かみさこ》昭さんをはじめ、20数名の方から便りが届きました。その内のいくつかを紹介します。

★日本の教育の流行化は今も続いています。この時から44年、実験的に正しさが証明された授業書も増えました。「声を大にして普及」する時代になったと思います。少しでも寄与したいです。(板倉正典)

★社会的態度、根性を忘れているのではないかと自問自答しました。自分への戒めに開く文章だ、と予感しています。(三原千津子)

★板倉先生の言葉、どれも強く感動します。「石橋をたたきながら堂々と渡り」、今年も高校生と仮説を楽しみます。古典に当たるような論文に触れ、気持ちが新たになりました。(海老澤良弘)

★新しいものを普及するには「社会的態度、根性の問題」……肝に命じたいと思います。(宮地祐司)

★「仮説の成果はすばらしいのです。なんでそれを黙っていられましょう。そんなことは偽善です」。勇気をいただきました。授業での生徒たちの声を元にしながら、若い人たちに仮説を伝えていく仕事をはじめていきます。(名倉和弘)

★岡山理科大で学生たちに仮説実験授業を紹介する機会が多くあるので、「科学教育学の最初の理

論／一つのヒューマニスティックな思想」を、きちっと伝えていきたいと思いました。（森田明義）
★板倉先生の強い信念、そして現場の方々の姿勢は今と少しも変わっていないと思いました。自分の足元をしっかり見て、流されずにいこうと思います。（嘉数千賀子）
★今年は、「ヒューマニスティックな思想を伝える」という視点を持って高校生と仮説実験授業をしようと思いました。仮説実験授業の大きさを語る板倉先生の文章が好きです。「負けないぞ」という気持ちになれます。（岸 広昭）

この論文の今回は抄録です。「決戦」の相手は誰でもない、自分自身です。子どもの笑顔を求めて戦い続けていくこと。それが教師のヒューマニズムの一つの形だとぼくは思っています。（犬塚清和）

せめて一匹羊の強さを！

授業書をきちんと使うと確実に「たのしい授業」が実現する――それは、僕のこれまでの体験から自信を持って言えることです。また、そのことは僕だけでなく授業書を使った多くの教師たちの確信でもあります。実際、僕の知る全国の友人たちの多くが、授業書を使った授業〈仮説実験授業〉によって、子どもたちや保護者に歓迎・支持され、シアワセな教師生活を送っているのです。

一方、授業書の存在を知っていても、なかなか一歩を踏み出せない人がいるのも事実です。「もったいないな～」と思えるのですが、じつは、そういう僕も、教師1年目にはなかなか一歩を踏み出せませんでした。「教科書以外の授業」に抵抗があったのです。でも、授業書を始めて、子どもたちからの「先生の授業、たのしい！」「科学の授業が好きになった！」という声（評価）。それがどれほど若い教師の僕を勇気づけてくれたことか。

新しいことをやるには、社会的困難に立ち向かうある種のちょっとした強さが必要のようです。「だから、せめて一匹狼ではなく、一匹羊ぐらいの強さを持ってほしい」とは板倉さんの言葉。僕は〈授業書〉と〈子どもたちの笑顔〉のおかげでなんとか「一匹羊の強さ」を持ち続けることができたのでした。

（小原茂巳）

＊〔ガリ本〕（19ページの続き）

学校の先生たちにとってガリ版印刷は馴染み深いものでしたが、一九七三年に犬塚清和が板倉聖宣の複数の講演記録をガリ版で印刷して、それに厚紙をつけてホッチキスでとめた冊子（背文字がない）『仮説』を仮説実験授業研究会の夏の合宿研究会（北海道）に持ちこんだことで仮説実験授業研究会内に「ガリ本精神・ガリ本文化」ともいえるようなものが誕生し、研究物の発表形態が一変するほどになりました。それにともなって、講演記録・授業記録などの手法、印刷・製本・レイアウト等のノウハウも著しく進歩することにもなりました。

＊〔ガリ本図書館〕

ガリ本は多種多様ですが、どれもたいていは少部数であり、しかも市場にはでません。そのために、「なんとか散逸を防ごう」と考えた犬塚清和は、自ら多数のガリ本・ガリ雑誌を編集・発行するかたわら、一九八七年に愛知県西尾市の自宅の敷地内に「ガリ本図書館」を建設しました。しかし、その後もガリ本の発行が多すぎて、十分に収集・保管することはあきらめざるをえない状態になっています。

4 授業書作成における民主主義

私が「仮説実験授業と民主主義」ということを問題にせざるを得ない状況は、いろんなところにあります。一つは〈授業中の民主主義の問題〉がありますけれども、もう一つは〈授業書の作成上の民主主義の問題〉です。「仮説実験授業の欠陥は、みんなで授業書を作ろうとしないことにある。みんなで作り、たえず作りかえていくことこそが民主的ですぐれた組織方針である」と言う人がいます。実際に、今まで作った授業書は非常に少数の人しか関与していません。作る過程ではいろいろな人たちが関与していますけれども、大部分の授業書はぼくが中心になってできています。

ぼくも、たくさんの人たちに授業書を作って欲しいけれども、できません。「できない」一番の理由は、〈授業書というのは民主主義的なものでなければならないからだ〉ととらえることで始末できるのではないかと思っています。私は、「みんなで作ろう」という行き方を排除する方針で進めてきましたが、こういうやり方は運動形態からすると〈民主主義的でない〉という感じになります。

しかしこれは「教育の主人公はだれであるか」ということにかかわってきます。〈仮説実験授業はだれの間での民主主義を実現したいのか〉という問題です。教師の間で実現したいのなら、教師みんなで授業書を作ればいい。でも、ぼくはそれをとらない。仮説実験授業の民主主義は、〈子どもの民主主義だ／すべての人の民主主義だ／すべての人間がその内容を十分納得できるものでなければいけない〉ということです。ぼくはかなりたくさんの授業書を作っているけれども、それは決してぼく一人が作っているわけではありません。もしぼくがどこかで孤立していたら、授業書など作れるはずがないからです。

たとえば「木綿と歴史」という授業書を作るプロセスの中で、どれだけたくさんの人に話を聞かせているかわかりません。話を聞いて「つまんない」という顔をしてくださったり、とんでもない予想を立てて喜んでくださったり、途中ではウソの話も聞いてくださったり、場合によっては部分的に授業をやってくださったりする。そういう形でぼくの授業書ができていることは確かです。そういうことでは、明らかに民主的な関係を保っています。仮説実験授業研究会の中で、それぞれの分業体制でもって保っているわけです。

ぼくが仕事ができるのは、明らかに、ぼくが秀才だったりするからじゃなくて、仮説実験授業研究会なりそういう組織を作ってきて、その人たちと民主的な議論ができるからです。それがなくて、象牙の塔の学者であったら、おそらく今の仕事はできません。ある個人の才能だけで授業書ができるんじゃない。そういう組織的な人間関係というものが授業書を作っていることに間違いありません。

だって不思議でしょ。仮説実験授業研究会以外で仮説実験授業の授業書ができないでしょう。「そりゃあ、できないに決まっているじゃないか。仮説実験授業をやっていないから」と言うかも知れないけど、そうではありません。授業書ができないのは、仮説実験授業研究会に来ないからです。「来れば必ず授業書ができる」とは言いませんが、来ればできる可能性があります。

だって、仮説実験授業研究会の連中はいいかげんなことで「分かった」とは言いません。有能でなかったら大学の先生だって認めてくれない。だから〈肩書きでなしに内容で勝負する。本当にいい仕事をするんだ〉と思えば、こういう研究会に来るか、自分で似たような組織を作るしかありません。

でも、こういう組織を自分で作るのは大変です。だから、そういう学者たちがつまらないことで私たちの研究会に来られないということは、その個人に悪いというだけでなくて授業書を開発するために悪い。だから、その障害がないようにしたいとは思っていますが、今は絶望的です。だけどゆくゆくは、「ガリレオが死んだときにニュートンが生まれた」という関係ぐらいには、必ずや仮説実験授業の授業書ができる人が出るに違いないと気楽に考えることにしています。

（板倉聖宣、一九八四年12月、「板倉式発想法に学ぶ会」愛知）

民主主義の結果は「楽しさ」で

「関東たのしい授業フェステイバル」（の売り場）で、ほんの数分間でしたが板倉先生の話を聞きました。「コペンハーゲン精神*を今もちゃんと受け継いでやっているのは仮説実験授業研究会くらいで、他はみんなダメになってしまった」と。そのときぼくが思い浮かべたのは、二〇〇八年にノーベル物理学賞を益川敏英《ますかわとしひで》が受賞したときに、「益川さんもその流れの中にいる人。彼が日本語で受賞講演したことは〈日本の科学研究が植民地支配から抜け出した証拠〉だ」と話した板倉さんの言葉でした。今回紹介したのは講演の一部分ですが、これを読むと、板倉先生が「授業科学」という新しい科学を確立するための要となる「授業書」を作るときの精神（組織）は、「コペンハーゲン精神」といわれるものと一致していることが想像できます。だから、もっと詳しく知りたくなりました。

ついでに、「民主主義」についてのぼくの思いも書いてしまうことにします。誰かが「それは民主的でない。民主的に決めましょう」と言ったりするのを聞くと、ぼくは背筋が寒くなります。それは、「楽しいことも大事だが……」と言いつつ、楽しくないことばかり押し付けてくる人に対する嫌悪感と同じです。ぼくにとって「民主的に」と「楽しい」は同じ根っこにつながるものなのです。

以前、岸勇司さんが紹介してくれた板倉先生の「民主主義の定義」を読んだとき、「そうなんだ！」と感激した自分を思い出します。

――私は、「民主主義」の定義を〈みんなが結果的に利益を得る仕組み〉と考えています。ですから、結果的にみんなの利益になるなら、「みんなにいちいち聞かないでうまくやってくれよ」と、誰かに権力を集中させるのも民主主義といえます。みんなで集まって民主的に議論して正しいと考えたことも、結果的にみんなの利益にならなければ、それは民主主義とはいえません。

仮説実験授業研究会の人たちの中にいると、こうしていろいろな新しい世界にぼくを誘い出してくれるから、年をとるにつれてさらに自分が自由になっていけるようでうれしいです。

（犬塚清和）

＊「コペンハーゲン精神」について、ぜひ板倉先生にもっとくわしく書いてほしいと思っていましたが、その願いは満たされることなく先生は亡くなってしまいました。ただ、この談話からしばらくあとのことですが、小野健司さんが『コペンハーゲン精神』（仮説社、二〇一三年）を書いてくれました。

僕にとっての「民主主義」

僕の「理科教育」の講義を去年受けていた飛鳥さん（大学4年生）が、ニコニコ笑いながら話しかけてきました。

「先生、私、どうしよう。教育実習校の校長先生に、〈君は何の教科が好きなの？　研究授業は何の教科でやりたいの?〉と質問されて、私、思わず〈理科〉と答えちゃった。でも私、本当は理科なんて苦手で大嫌いだったんだー。それが先生の理科教育のせいで、私、なにげに〈理科〉なんて答えちゃったー!!（笑）」

おやおや、うれしいこと言ってくれる！　で、彼女は僕の「理科教育（＝仮説実験授業）」のどういう所が気に入ったのでしょう？

「だってー、仮説実験授業って、教室のみんながたのしんでいるんだものー。私みたいに〈理科が大嫌い！人間〉もだし（笑）、〈理科好き顔の人〉もだし、真面目人間も不真面目人間もみーんなが一丸となって授業をたのしんでるんだもの。私、あんなの初めてだったし、なんか大好きだったんですよねー。それで、私、つい〈理科〉って答えちゃったー！」

こういう感じ方って、僕は大好き。じつは僕の〈民主主義〉のイメージだって、「真面目人間も不真面目人間もみーんなが一丸となってたのしんでる授業」で作られてきたに違いないのですからね。

（小原茂巳）

5

理想主義と研究至上主義の成果

これまで作られた仮説実験授業*やイメージ検証授業*の授業書は、そのほとんど全てが私の手によって、あるいは私のリーダーシップのもとに作成されたものである。

授業書の善し悪しは授業にかけてみればそれで決まる。だから、私がいちいち口出しすることなく授業書の善し悪しが決まっていく。だから、私が十分深い考えをもっていないことについては、すべて現場の先生方の判断によることにしている。しかし私自身がかなりつっこんだ考えをもっていることになると、判断がきつくなる。たとえ多くの人々が「この授業書はいい」といってもおいそれとは賛同しない。なぜか。現場の先生方と私とでは要求水準がちがうからである。現場の先生方は、教科書や指導要領や入試を全く無視することはできない。子どもたちも多かれ少なかれそうだ。相対的にいいか悪いかが問題になる。相対的によければ、それで「いい授業書」と評価できるわけだ。

だが、私は研究者として欲張った考えをもっている。現実の学校制度をすべて解体して、全く新しく私たちが〈教えたい・教えるに値する・教えることができる〉と思える教材を準備するとしたら、それはいかなる教材か、いかなる授業書かを問題にしたいからである。20～30年後も、イギリスでもアメリカでもロシアでも中国でも教えるにたる授業書を作りたいのだ。私の作った仮説実験授業の授業書の多くは、その目標を大なり小なり達成し得ていると思う。《ふりこと振動》や《浮力と密度》の授業書は指導要領の関係で、最近はほとんど利用されないようだが、いつかきっと再び脚光をあびるようになると思う。私の目標は高すぎて、現場の先生方にとってはまだるっこしいようにも見えるだろうが、仮説実験授業の成功は、その理想主義的な〈研究至上主義〉ともいうべき姿勢を貫いてきたためだと私は思っている。現実的にはしりすぎると一時はうまくいくように見えて、すぐにその現実からしっぺ返しをうける。しかし政治より研究を先に立てれば、いつか政治的現実が私たちの理想主義的研究のあとを追いかけるようになる、と信じているからである。

幸い、仮説実験授業のいくつかの授業書の成功は、現場の先生方の授業書に対する要求水準を上げることになった。すでにある授業書との相対評価が問題になるからである。そこで、少なくとも自然科学分野の授業書は、〈少しでもましな授業ができればよい〉といった授業書作りはあまり歓迎されなくなっている。「本当に何が教えるに値し、本当に感動的な授業ができるのはどんなテーマなのか」、そのことをいつも問題にすることに成功したのである。その点『たのしい授業』の創刊によって、「少しでもいい授業ができればいいではないか」という要求が大きくなっていったら困るなあ、と心配している。

私としては、今後も理想主義的な研究方法を採用し、『たのしい授業』に載せる授業書もそういうものに限定したいと思っている。この「授業書開発講座」でもそういう方向をとる。しかし誰かが現実改善主義の立場に立って授業書を作ろうとしたとき、全く援助しないという方針はとらない。現実改善主義からも本質的にすぐれた授業書が芽生えることがあるからであるし、やはり現実に苦しんでいる先生や生徒を無視できないからである。どこかの会合でそういう授業書が持ち出されて私がその場にいたら、改良主義的な助言をおしまない。しかし私自身がそういう授業書作りに精を出すことはしないつもりである。

（板倉聖宣、一九八三年4月、「仮説会館／授業書開発講座のレジュメ」）

＊〔仮説実験授業〕〔イメージ検証授業〕

一般的な概念・法則を取り上げる本格的な仮説実験授業は、「科学的な認識は、仮説とそれにもとづく実験によってのみ成立する」という考え方をもとにしています。しかし、歴史や地理、天文学や地質学などでは、しばしば「一回限りの事実」を問題にせざるをえません。そのような場合は、例外的な事実と基本的な事実とを混乱させないために「イメージを問う」つまり「イメージ検証授業」が行われます（授業書でいうと《地球》など）。また、数学の、特に図形のような分野では、「仮説を証明する手順を問う」ような形（仮説証明授業）になることがあります。しかし、いずれも「広い意味では仮説実験授業だ」といえます。それらの区別や授業書の紹介は、板倉聖宣『仮説実験授業のＡＢＣ』にコンパクトにまとめられています。

理想なければ妥協なし

前掲の文章は『たのしい授業』が創刊された年（一九八三）の4月、この新雑誌の創刊を機に「どんな授業書を作るか」というタイトルで書かれた「授業書開発講座・第Ⅱ期」のレジュメです。同年7月に創刊した『科学入門教育1集』（絶版）に掲載しています。

二〇〇九年夏の全国大会で板倉先生が「仮説実験授業を広めることと深める（高める）こととは別」という話をされました。ぼくの感じとして、仮説の人たちの間でも「現実対応的なノウハウがもてはやされる傾向が強くなっていないか」という危惧《きぐ》もありますが、それだけでなく〈新しい動きをはじめたときに、それによって生まれるマイナスをも予想して先手を打っていく板倉先生の姿勢〉をうかがうことのできる文章だと思います。（犬塚清和）

科学への信頼は人への信頼

大学の中で仮説実験授業の成果を伝える試みを始めています。その一つが、「小学校に理科の楽しさを伝えに行こう」という工学部のゼミの学生に仮説実験授業を体験してもらったことです。また、私が授業を代行している三宅なほみ先生（一九四九年—二〇一五年）の教育学部の院生のゼミでも、仮説実験授業を取り上げています。

その三宅先生のゼミでは、はじめに「仮説実験授業の考え方」について学んでもらい、「授業を体験したい」という意見が院生から出てくるのを待って、そのタイミングを逃さずに授業を——授業書の一連の問題を仮説・実験的に重ねていって、科学を学ぶことの楽しさを感じてもらおうという計画でやってきました。

7月7日（二〇一〇年）、犬塚先生にゼミに来ていただいて、教育学部の院生8人と研修中の教員と指導主事の計10人で《浮力》の授業を体験してもらいました。2時間半の授業を受けた院生たちの評価は上々で、「とても楽しかった」が9人、「楽しかった」が1人。授業が終わったとき、「大学院生も高校生と同じで、素直で、かわいいね」と言った犬塚さんの言葉が、私はとてもうれしかったです。

以下、その《浮力》の授業の様子を少し紹介します。

おずおずと予想にちっちゃく手を挙げる院生たち。でも、授業書の絶妙な問題配列でA→B→Cと実験が進んでいくにつれて予想がバラけてきて、「えー、どう考えているわけ？」という感じになってきました。Cで「短くなる」を選んだ中田君は、「AもBも短くなるを選ばずに予想を外したから、今度は選んでみました」と発言。場を一気に和ませてくれます。

〔問題1〕

ばねにおもりをつりさげて、図のA、B、Cのようにおもりを水の中に入れていったら、ばねの長さはどうかわるでしょう。

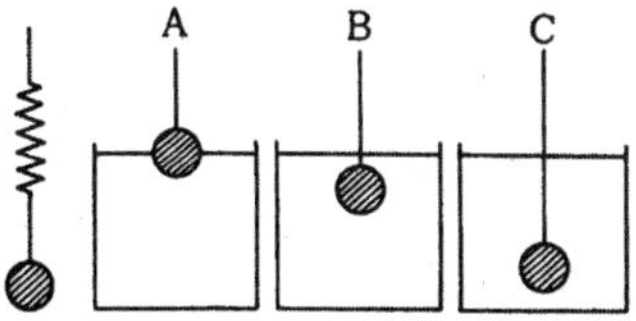

〔問題2〕の「天秤の一方の水中に、ばねにつるしたおもりを入れたら」では開口一番、「〈わからない〉っていう選択肢が欲しいね」の声。犬塚さんも楽し

そうに「わからないときはカンですね」と応じます。「水がおもりに何かするんじゃないかな」といった感覚的な意見や「直接おもりを乗せれば天秤は下がるから、それと同じことが起こるんじゃないかという気がしてきた」と予想を変更する人が出てくるなど、授業が進むにつれ、それぞれの「個性」が引き出されていきます。

小学生のような華やかな反応はないけれども、「問題3」の「ビニール袋に入れた水をばねばかりでつるして水に沈める」実験では〈理系は苦手〉と言っていた女の子たちが「お〜っ！」と感動の笑顔を浮かべていました。

一編ですが感想文を紹介します。

「仮説→実験を繰り返して、議論が起きたらまた実験をするうちに、勘だけだったのが次第に腑に落ちていく感じが面白かった。人は1つのことがちゃんと分かってから次へいくというステップ式で学習するわけではないと思った。水が0gになった理由が後の実験と計算でさらに納得できたが、この感覚がとても楽しかった」

授業の途中、私は「こんなにも小学生みたいな東大院生の姿が見れてうれしい」とノートにメモしました。〈人が好きになり、自分をも好きになれる。お説教など抜きで、科学を学ぶことを通してそれができるのが仮説実験授業の最大の魅力だ〉と思いました。

「仮説実験授業というのは、科学と文化に対する限りない信頼と人間に対する限りない信頼、この2つに支えられているといっていいと思います。もっとも、この2つは実は同じことです」と板倉先生。そんなことをしみじみ思った素敵な日でした。

（東京大学 CoREF　齊藤萌木）

6

教育に「実験」は許されるか

科学研究がはじまるときは、実験が新しい学問分野を生み出す契機になることが多いわけですが、「授業科学」というものを考えるとき、〈教育で実験が許されるか、子どもたちを実験材料にしてよいのか〉という問題があります。「生体実験と同じで許せない」ということもありますが、考えてみれば、普段インチキな授業をやっているのですから、これは生体実験をやっているようなものです。ですから、「いい結果が期待できる、まずい結果を起こさない実験」ならやってもかまわない、むしろそれは歓迎されるべきことだと私は思っています。

公害で怪しげな水を飲んで、たくさんの人が死んでいくが、なぜそうなるかわからないとき、その水を飲ませないで違う水を飲ませます。「違う水も怪しいから、これまでどおりの水を飲んでいればいい」ということはないわけです。〈現実に起きている被害よりも明らかに少ない被害で食い止めることができる〉ことを明らかにしているときには、その実験は許されるはずです。

そういう意味では、教育実験がしやすい状況だとも言えます。

その「実験」のやり方ですが、私たちは〈認識の法則性を見つけるための実験〉と〈授業実践〉とを区別しないで、やっていく方法を取り入れています。そのために私たちが考えて実践してきたことの一つに、「予習をさせない」ということがあります。予習をさせると、子どもたちに他からの情報が混ざりこんで〈授業で何が子どもを変革したのか〉がわからなくなります。予習をさせなければ子どもたちは授業の流れの中で考えることになりますから、その認識のプロセスでどういうことが重要かがわかります。〈予習すると授業が楽しくなくなる〉という構造です。つまり、「予習しない」ということは仮説実験授業を実施する上でも大事ですが、教育実験としての性格からしてもプラスになる試みといえるわけです。科学の方でも、ガリレオは〈真空中での実験〉を考えます。実際に真空は作れませんでしたが、「真空だとすれば物はどう落ちるか」ということで研究します。仮説実験授業は、ある意味で〈真空中での実験〉的な性格をもっています。

仮説実験授業は、先生方が「おもしろい、いいじゃないか」と思って実践をはじめています。しかも、まわりには仮説実験授業を認めない人たちが多いわけですから、ビクビクしてやりますね。そういうように何らかの期待をもってビクビクしながらやっている行為は、本当に人間的な行為だと私は思います。その〈人間的な行為〉に支えられているから、仮説実験授業はかなり理想的な状況でいられると思っています。

私はビクビクしてやってほしいと思っていますが、〈ビクビクやらずにすむ状況〉を少なからぬ人は望んでいます。そして、だんだんとビクビクしないですむような状態になると、仮説実験授業の基本的な構造を理解しないで授業が行われるようになります。子どもに押しつけるようになります。先生が押しつけるような授業だったら、教える内容も〈押しつけるにふさわしい〉ことをやらなければうまくいきません。「押しつけない」という精神が中心になっている先生がやるから〈押しつけないような授業プラン〉が生きるのであって、その条件が崩れてしまえば、また別の問題が起きてくるわけです。

文部省（現、文部科学省）が「これからは仮説実験授業をやりなさい」といったらどうなるか。結果は明らかです。実際に、今まで流行した授業は文部省がとり上げてダメにしてしまったことが多いわけです。これは文部省が悪いということではなくて、〈教育というのは原理的にそうなってしまう側面をもっている〉と私は思います。仮説実験授業は「授業科学」を目指してかなり意識的に研究してきたつもりです。授業科学が作られたら、〈学問の仕方が、これまでの教育学の学問の進め方と全然違ったものになる〉ことをご承知くださると、もう少しものの見方が変わってくると思います。これまではいわゆる「理科」を中心に研究をしてきましたけれども、もう少し大胆に他の教科も考えていきたいと思います。

ただ、仮説実験授業はあらゆるところで大変異端的なものでございますから四面楚歌で、あまり物騒なことはできません。だから楽しんでいるのですが、ゆっくりゆっくりとこれからも研究していくつもりです。

（板倉聖宣、一九七八年6月、「授業科学とは何か」愛知教育大学）

今できそうなことを追う

二〇一〇年夏、重弘忠晴さん（仮説実験授業50年史編纂室長）によって『板倉聖宣１９６０年代書簡集』が刊行されました。数日前、岡山の佐藤重範さんから便りが届きました。『書簡集』は四〇〇ページを超える厚さです。単なる「連絡文」もあります。佐藤さんはこの分厚い書簡集に「付箋をつけながら読んだ」そうですが、もしかしたら、佐藤さんはぼくと同じ箇所に付箋をつけているんじゃないかと思うところがありました。それは「高橋金三郎さんへの手紙（10通）」です。

「高橋さんってどういう人?」と聞かれても、よく知りません。仮説実験授業をはじめてから、ぼくは「仮説実験授業」や「板倉聖宣」の名前を見つけたくて『理科教室』（国土社）と『理科教育』（明治図書）を買っていました。でも、「仮説実験授業」や「板倉聖宣」の名前はほんのたまにしか見ることができなかったけど、「高橋金三郎」の名前は毎号のように出ていました。

今回紹介した板倉先生の話は愛知教育大での講演「授業科学とは何か」の一部ですが、〈「これはいい」と思った人が、自分の責任でもって授業をするという人間的な行為こそが教育（研究）の原点〉ということを、ことあるごとに意識させてくれた話です。『書簡集』を開いていて、そのことに対する板倉先生の強い気持ちを確認できました。次に紹介する高橋金三郎さんへの手紙がそれです。読んでみてください。

――先日『科教協ニュース』のなかで大変気がかりなことを発見したのですが……。それは、ある会合で、遠藤惟也さんだったかが、「私はなんとなく仮説実験授業をやってみた…」といった発言をしていたことです。あれは困ります。仮説実験授業のみでなく、あらゆる自主的な教育研究運動においては、教師ひとりひとりの積極的な意図にもとづいて教育実験が行われるのでなければならないと思います。私どもはそのことをとくに問題とし、校長その他の指示で仮説実験授業をやることのないようにしているのです。仮説実験授業は自分自身の責任において実施しようという人だけにやってほしいのです。

だれにでもできる、しかし自分自身がやってみようという熱意をもった教師なら、というのが私たちの建前です。その点、また、高橋先生が、「○○さんは失敗するだろう」と予想をたてた上で授業実施を依頼されたことがあるという話も気になります。高橋先生がどう思おうと、その教師自身が積極的に授業をやってみようというのならそれでもよいのですが、そうでないとしたら、これは大変困ることです。その教師自身が失敗するだろうと思っているような授業は決して許されないと思うのです。万が一にも、「科学研究」の看板のかげに子どもをモルモットにするような授業を指示されないようにねがいます。(一九六六年11月22日)

厳しい口調ですが、それは高橋さんが指導的な立場にある教育研究者だったからでしょう。普通の先生が「なんとなく仮説実験授業をやってみました」と板倉先生に言ったら、ニッコリと「そうですか。子どもたちの感想はどうでした？　授業をされて先生はどんな感じでしたか」と聞いてくれるにちがいありません。
40年前の講演ですが、「現在の教育学の状況は16~18世紀の自然科学の状況と大変似ているところがあります」と話されています。今も似たようなものでしょう。新しい科学＝授業科学が誕生しても、その成果が多くの人たちに当然のこととして受け入れられるまでには、さらに長い長い時間が必要です。

「灯火は小さくてもいつもあったかい」（倉本 聡）

――それがぼくにとっての仮説実験授業です。

（犬塚清和）

7

科学を〈みんなのもの〉にする仕事

私の科学論の基本は、〈科学はみんなのものである〉ということです。科学とは、みんなが理解でき、みんなに受け入れられるようなものでなければならないし、またそのような科学でなければ本当の意味での「真理」に到達することはできないと考えていました。私は、これまでずっとそういう思いで学問をやってまいりました。

それなら「真理」というものを知るためにはどうしたらいいのでしょうか。

真理は押しつけでは絶対に成立しません。押しつければ押しつけるほど、それは真理ではなくなります。真理は多数決で決まるものではなく、もちろん少数決で決まるものでもありません。真理は最終的に実験によってのみ決まります。ですから、初期の段階での予想ではなかなか正しいことはわからないけれども、それを実験で確かめることを繰り返す中でだんだんと正しい予想が立てられるようになります。真理とは、そのような過程を経ることによってはじめて明らかにされていくものです。

だから、その途中の段階であわてて真理を決めつけるようなことがあってはならない。「分からないことは分からない」と認識しつつ、仮説実験的に勉強し続けることが重要なのだということ——仮説実験授業を通じて私が主張してきたのはそういうことです。

仮説実験授業をやればすぐにわかることですが、真理というのはしばしば少数派の人たちが発見することがあるわけです。ですから、少数派の人たちに対して寛容な学問的環境でなければ科学の進歩は望めません。それは、社会という枠組みの中でも全く同じことが言えるのです。社会的な真理もまた多数決で決まるものではなく、往々にして少数派の人びとによって見出されることがあります。ですから、少数派の人びとに対して寛容な社会でなければいつまでたっても真理は見出せず、新しい時代を切り開くこともできません。

それなら、少数派が大事にされればそれだけでよいかというと、そうではありません。重要なことは、少数派の人たちが発見したその真理だって、やがては多数派の人びとの支持を得られるようなものでなければ真理とはいえないということです。私が「科学はみんなのものである」というのはそういうことです。大衆がいかに愚かであろうと、無知蒙昧《むちもうまい》であろうと、新しい時代を切り開くのは、結局は大衆自身なのです。

社会という場では、大衆の意識を変えていくという働きかけを成功させるのは大変なことです。しかし、幸いなことに私たちがかかわる学校とか教室といった小さな社会なら、子どもたちの考え方が最初どれだけ間違っていたとしても、それをスムーズに変えることができます。科学の力、すなわち仮説実験授業の力によって変えることができるのです。これまで明治以来百年以上も続いてきた日本の教育では、学校は科学を押しつけ、その結果ほとんどすべての子どもたちを科学嫌いにして卒業させてきました。私はそのような事態を変革するために仮説実験授業を提唱してきました。

しかし、そこで私たちが主張してきたことは、まだとうてい社会的な広がりの中で理解されているといえません。ですから、私たちの仕事が、従来の考え方に固執する教育学者などに支持されないのは当然です。進歩的な教育学者といわれるような人たちも、信用できません。彼らが「子どもたちの気持ちを大事にする」というのは、せいぜい教師の側から〈子どもたちの気持ちを察してあげる〉という程度でしかないのです。

私たちは違います。私たちは、〈子どもたちが言ったことをそっくりそのまま尊重してあげることのできる人間〉でなければ認めません。ですから私が5年や10年どころか、30年近くたった今でも仮説実験授業の研究に全力を傾けざるを得ないのは当然のことなのです。そして、それでよかったと思います。なぜなら、それは〈私たちがそれほどまでに大きな仕事に取り組んできた〉ということの証拠であるからです。

（板倉聖宣、一九九〇年5月3日「〈大衆の声〉の勝利」還暦記念会、上野精養軒
『大衆の御用学者として生きる』ガリ本図書館）

社会は教室の拡大図

二〇一〇年夏のおわりに早稲田大学・大隈講堂で板倉先生の講演会（日本教育心理学会での特別講演）が行われました。大講堂の大勢の人たちに向かって2時間、一時も椅子に掛けることなくホワイトボードに板書しながら話し続ける80歳の板倉先生。教育心理学会の人たちに期待をかける先生の気持ちの表れでしょう。〈仮説実験授業〉の研究会の人もたくさんいました。その一人、「感動なしに教えてはならない、という板倉先生の言葉が強く印象に残った。〈感動〉をキーワードに、自分の授業の運営を見直していきたい」と井上 勝君。

さて、今回紹介したのは、30年前に開かれた板倉先生の「還暦を祝う会」（一九九〇年5月）での講演の一部です。

「社会という場では、大衆の意識を変えていくという働きかけを成功させるのは大変なことです。しかし、私たちがかかわる学校とか教室といった小さな社会なら、子どもたちの考えをスムーズに変えることができます。科学の力、すなわち仮説実験授業の力によって変えることができるのです」

西尾仮説サークルの林 泰樹さんのクラスの「みほちゃん」の感想文――「わたしの一番好きな場所は学校でした。友だちがたくさんいて、先生のしてくれる科学の授業が楽しいからです」（小4）といった言葉が、全国のあちこちの教室で毎年のように繰り返されています。「社会は教室の拡大図」と竹内三郎さん。教育が変われば社会も変わっていくに違いありません。

（犬塚清和）

だから仮説実験授業なんだ

僕は、仮説実験授業を受けている子どもたち（中学生や大学生たち）から学ぶことがとても多い。特に、彼らの書く「授業感想文」を読みながら、しばしば、「あー、あの本で読んだのは、実際にはこういうことだったのか！」と膝を打ったりする。板倉先生の「科学はみんなのものである」という〈科学論の基本〉の話も、じつは次に紹介する水野暁子さんの感想文を読んで、「あー、こういうことだったのか」と感動的に腑に落ちたものだ。

私は少し冷めている部分があるので、自分の手の届かない範囲の内容だったり、先生に「分かるでしょ！」みたいに上からものを言われるとやる気をなくしてしまう。たとえ知識が豊かでりっぱな先生の授業だとしても、「結局、私たちは今、無理やり説得されているんだな」という気持ちになると嫌になってしまう。こんな気持ちを抱いてしまう私に、はたして子どもたちを説得し教えたりする先生になる資格があるのだろうか。

それで気がついたことがある。仮説実験授業だ！

この授業だと、無理やり説得させられているという気にならないし、科学が手の届くものになる。予想するときに自分の頭でいろいろ考えられるし、討論でみんなの考えを聞いたり、授業書を学び続けていくうちに、心から納得して科学と契約*している自分がいる。このように、冷めていた私がいつの間にか授業に熱くなっていた。そして、思った。「これなら私にも、先生できるかも！」と。

（明星大3年、水野暁子）

「気持ちが向かないのに説得されてたまるか」という水野さんの素直な感覚。僕も同感。善意に満ち満ちているこれまでの押しつけ教育に対して、「みんなに受け入れられるような科学」を実感させてくれる仮説実験授業は、僕たちの味方だ。みんなのものになった科学は、あったかい！

（小原茂巳）

＊「科学との契約」
もとは板倉聖宣さんの言葉です。気になったら、『未来の先生たちへ』（仮説社、小原茂巳）をぜひ参照してください。

8

アマチュア主義の伝統が生きる時代

科学の世界では、20世紀になってから「アマチュア」から「プロ」の科学者の時代になりました。そして、科学はだんだん専門分化してつまんなくなり、「今後ますますそうなる」と科学の歴史家はいっております。私も、〈そうかも知れない〉と思っていましたけれども、最近では「それは違う」という考え方をとっています。

幸いにして最近の日本は経済が豊かになり、週休2日制になったり労働時間が減ったりして、さまざまな形で自分たちの余暇を利用することができます。それで、たとえば「アマチュア科学者」あるいは「アマチュア教師」という人が現れてくるのではないかと思えてならないのです。

これまで私は、教育の場で「アマチュア教育者」というのを聞いたことがありません。「素人教育者」というのは普通は〈悪い教育者〉です。だから、法則化運動の人たちは〈プロの道〉へ行きたいと願ってやっているんだと思います。プロとして月給分の仕事をしていない人もいますから、プロの道へも行ってほしいと思いますけれども、さらにその上は「アマチュア教師の道」ではないかという気がしています。

プロの教師というのは、「何を教えるか」ということを自分で考えなくてもいい。それはお上が決めてくれたりするわけです。アマチュア教師はそうはいきません。自分が教えたいことを教えるのだから、子どもたちは何が好きか調べなければいけない。ですから、どうしても視野が広くなります。

じつは、私が『かわりだねの科学者たち』(仮説社)に書いた渡辺敏《はやし》(一八四七〜一九三〇)というような人たちの中には、アマチュア的な精神が脈々と流れています。まだ何を教えたらいいのかわからない時代に教育にタッチしていた人たちは、その時代に教育されていたことがいかに根拠のないことであるかを知っていますから、それを簡単にやめることができます。

明治以後の教育といっても百年以上の伝統があります。だから、「教える内容はすでにたくさんの検証を経て確定されている」ような錯覚に陥っている人がたくさんいます。渡辺敏さんはそうでないことを体験で知っていたけれども、現代の私たちは教育の歴史や教育の現状を見ることによって知るよりほかありません。そうして見ていきますと、「何を教えるか」ということはこれまで十分に解明されているわけではない……いや、不十分にさえ解明されていない。ほとんどまるで分かっていない、というのが私の実感です。

「アルキメデスの法則を知らない中学生なんて……」と言われることがありますが、「アルキメデスの法則を知って何のためになるのか」ということは何も分かっていません。仮説実験授業の《トルクと重心》の授業書をやった人は「重心」という言葉の意味の重みを知っていますけれども、仮説実験授業研究会の中でも、この授業書をやったことのない人は「重心」という言葉をまるっきり知らないといっていい。言葉は知っているけれども、その内容はまるっきり知らない。

感動なしに言葉を知っちゃうということは、恐ろしく空虚なことです。新しい言葉が出てきたのは、その背後にすばらしいことがあるからです。私は科学の歴史の研究を始めてだいぶたってから、〈言葉は偉大だ。言葉の歴史を知らないで教育することはできない〉ということで、〈科学の言葉〉について本格的に詮索しました。

ところがほとんどの人たちは、感動的に生まれたその言葉を、「テスト」という忌《い》まわしい思い出とともに知ってしまう。だからある意味では、〈教育しない〉ということがもっとも偉大な教育であったりするわけです。私は先生方がプロとして教育できるということをはじめは願っていて、今なおそう思ってはいますが、それ以上に〈人間として豊かに生きていく〉ということを考えていってほしいと願っています。

本当の「アマチュア教師を目指す道」を仮説実験授業は保証してきたし、部分的にはかなりできています。〈雇われ（プロ）として腕があるという教師〉を超えるような仕事をすることが、これからの私たちの仕事ではないかと思います。

（板倉聖宣、一九八八年5月、「仮説実験授業提唱25周年の会のスタッフへのお礼の会」尼崎勤労会館）

アマチュア教師として生きる

　ぼくが小学生だったころ、家に乳牛がいました。乳搾りの世話はおふくろがやっていました。酪農婦人部の部長をしていたおふくろは、集まってきた牛乳の容器に「比重計」を浮かせて検査をしていました。搾った牛乳を「水増し」する人がいたからでしょう。一方、稲や麦の蒔きどきには、塩水の入ったバケツに種を入れて「選別」している親父の姿がありました。それがぼくにとっての「浮力」との出会いだったのかもしれません（そうした意識はありませんでしたが）。

　それから十数年後、新任教師のぼくの目の前に現れた「アルキメデスの原理」は、〈わずらわしい計算問題〉というだけのものでした。ところが運よく、その半年近く後には《浮力》を楽しく学ぶ小学生の姿に接することができたのです。「このプリント（授業書）さえあればオレにもできる」と思い、次の年の春に授業をしました。――やってみるものです。〈浮力の考え方とその教え方がわかった〉のはもちろんですが、この授業がその後のぼくの教師としての生き方までも決めることになったのです。

　さて、今回紹介した「アマチュア主義～」の講演が行われた半年前に『かわりだねの科学者たち』（板倉聖宣著、仮説社）が出版されていて、そこには「教育者・渡辺敏」も取り上げられています。彼の著書『一壜百験《いちびんひゃっけん》』が有名だとしても、教師を「科学者の仲間」に入れないのが普通ですが、〈そこが板倉先生だ〉と思いました。仮説実験授業をもとに科学の楽しさを子どもたちに教えているぼくたちも「科学者」なのです。

「渡辺 敏とその時代」の381ページに、渡辺 敏校長の一面を紹介する談話記事が当時の新聞に紹介されています。

「生徒の進否如何《しんぴいかん》は全く教員その人の誘導のしかたひとつにかかっている。教授をしっかりすることとは勿論だが、少年の指導に当たっては、鼓舞し喜んで学校へ来るようにさせなければいけない。授業法に注意することはいうまでもなく、生徒に親切な接し方をすることにより、生徒は毎日喜んで登校するようになり、欠席者も減ってきて、従って進歩も著しくなるのだ」

（犬塚清和）

教えたいことを教えられる喜び

昨年（二〇〇九年）まで9年間、僕は公立中学校の現役教師をつづけながら、土曜日には「理科教育」の講義をしに大学に出かけていました。

体力的にはとてもきつかったのですが、しかし、なぜそれを続けられたのか？　それは、この講義では「教えたいことだけを教えることができた」からです。「これ、きっと学生たちは喜んでくれるに違いないぞ」と予想できること、つまり〈教えるに値すると思えること〉だけを教えることができたのです。

さらに、学生たちから「先生の授業は学べることがたくさんある、たのしい！」などと評価してもらえたことが、どんなに僕を元気づけてくれたことか。

〈教えるに（＝学ぶに）値すること〉など、そう簡単に出会えるものではないでしょう。また、もし〈大事なこと〉に出会ったとしても、それを僕がうまく（喜んでもらえるように）教えられないのだったら、意味がありません。

だから僕は仮説実験授業と出会ったとき、びっくりしました。授業書を読んでいく僕の頭の中に、「僕の授業にグッとひきつけられ、教室で活躍する中学生たちの姿」がありありと浮かび上がってきたのです。「これ、すぐに授業したい！　できる！」と思いました。そして実際の授業は想像以上！　僕の苦手な〈教師の権威〉とか〈巧みなリード〉なんてことも、まったく気にしないですみました。

ところで、学生たちの書いてくれる授業感想文にほぼ共通していることがあります。「先生の授業は

たのしいけれど、先生自身が一番たのしそうです」ということ。

〈教えたいと思うことを教えられて、それで喜ばれる〉――それが教師本来の喜びだと思います。「先生が一番たのしそう」と言ってもらえるのは、僕がそういう喜びを味わっている証拠だと思えて、またまたうれしくなるのです。

（小原茂巳）

9 物質同定の原理

私の作った言葉に「物質同定の原理」というのがあります。「これとコレとは同じものである」ということがどうして言えるのかということです。ところが、そういうことはどこの教科書にも書いてありません。「物質同定の原理」が書いてあるのは、『私の新発見と再発見』（板倉聖宣、仮説社）という本だけだと思います。

私は、「物質同定の原理」を信用してなかったばっかりに、化学が全然わかりませんでした。「これは二酸化炭素です。無色透明で、酸素と区別できません。空気とも区別できません。これを石灰水の中にぶくぶくと入れます。石灰水が白くにごってきました。ハイ、これは二酸化炭素です」と先生が言います。おっちょこちょいの人はみんなすぐにわかってしまうけど、私みたいに厳格な人間にはわかりませんでした。

二酸化炭素を石灰水の中でぶくぶくやったら白くにごった。今度は何か知らない気体を石灰水の中でぶくぶくやったら白くにごった。だからといって、それが二酸化炭素だとどうして言えるのか。私は、そういうそそっかしい化学者にはついていかれません。「気体にもいろんな種類がある。石灰水が白くにごっただけで、どうしてそれが二酸化炭素だとわかるのか。もっと真面目にやれ！」と思いました。

オストワルド（一八五三年〜一九三二年）という、ドイツの化学者がいます。「原子論に反対した」ということで有名ではありますが、最後には原子論を認めることにやぶさかでなかった人です。岩波文庫に『化学の学校』という本があって、ぼくのわりあい好きな科学者です。

この人の本にはこう書いてあります。「二つの物質をもってきて、2〜3の性質が同じなら同じ物質といっていい」。ずいぶん大胆ですね。十年くらい前にこれを見たとき、「やった！　ついに見つけた」とぼくは思いました。

ここに「水らしき液体」をもってきて、これが水であるかどうかをどうやって調べますか。これは簡単です。密度を測ったら1g／mℓだった。そして、この水らしきものの沸騰点を測ったら100℃ということになれば、それで「証明おわり」です。

オストワルドという人は苦労人です。はじめのうちは、「一つか二つのそんなことでいいのか」と、信用できなくていろいろ自分でやってみたことでしょう。でも、そのうちに「いっぱいやってもバカバカしい。二つ三つやればわかる」となったのでしょうね。

石灰水と二酸化炭素の例は、「物質同定の原理」だけではダメで、科学者はたくさんの気体を調べたのです。重要なことは、〈気体というのは、固体のように果てしなくは種類がない〉ということです。だから、「気体の種類はそれほど多くありません。科学者が調べたところ、石灰水で白くにごるのは二酸化炭素しかありませんでした。科学者にはぬかりがないのです。だから、みなさん信用してください」というところまで教えてくれないと、私のような人間はわからなくなってしまうのです。

「原理」とか「原則」というものは、すごく大事なものであるけれども、証明されない、うさん臭いものです。それなのに、人から言われてみれば「ああ、本当だね」となります。原理原則というのは、すべての人が認めることです。しかし、ほとんどの人はそれを振り回したりしません。それは、原理原則的な考え方に習熟していないからです。その真価を知らないからです。

科学者は「法則」を大事にするけれども、原理原則をすぐに忘れてしまいます。「物質不滅の原理」は化学や物理の方では使うけれども、歴史では使わない。それは、その原理原則のありがたさがわからないからです。

原理というのは、法則とちがって並みの科学者は考えなくて済みます。しかし、新しく根源的なことをやろうとすると原理原則から出発しなくてはならないから、そういうときには原理原則が必要になります。私は、原理原則を振り回す人間です。そういう意味では「過激派」です。

（板倉聖宣、一九九〇年12月、「板倉式発想法に学ぶ会／私の矛盾論」愛知。『哲学的とはどういうことか』つばさ書房）

「認識同定の原理」かも

「教師として、犬塚さんの原理原則はなんですか」なんて聞かれたら、困ってしまいます。「仮説実験授業をすることです」というのも答えの一つだけれども……。もし中学生に「どんな先生になりたいですか」と聞かれたら、詩人の工藤直子さんのように「自分が中学生であったときのことを忘れない先生でいたい」と答えたいけど、具体的な内容は思いつきません。

それはともかく、今回の板倉先生の話はいかがでしょうか。「物質同定の原理」とは、〈オストワルドの「性質の定律」(明治三十年代、帰山信順《かえりやましんじゅん》の訳語らしい)から名づけた言葉〉とのことですが、哲学味があって、ぼくは好きです。

「同定」するって、〈アレとコレとが同じように見えても違うとか、別のように見えても実は同じとか、それを判断する〉ことでしょう。そのためには、目のつけどころが肝心だとしても、2つ3つの事柄をチェックすればいいなんて、いろんな事柄を比較・判断するときに役立ちそうな原理です。

典型的な授業書の問題の構成を見ても、「物質同定の原理」が生かされているように思えます。たとえば《ものとその重さ》。①ものの形を変えたら重さは変わるか、②はみ出していたらどうか、③粉にしたら変わるかと、3つの問題を実験で確かめる。さらに視点を変えて、「水に浮いている場合」や「水に溶けて見えなくなったもの」について、重さが足し算できるか実験。たいていの人は「考えぬかれた2〜3の問題と実験」で一般的な概念にたどりついてしまう。「物質同定の原理」は、また「人間の理解の仕方（認識）の原理」を示しているようにも思えます。

（犬塚清和）

「すべての子どもたち」とは

「物質同定の原理」なんて考えたこともありませんでした。でも、「ごびゅうろん＝誤謬論」という言葉が好きになったぼくは、「物質同定の原理」も気になります。

ただし、ぼくが一番気になるのは、子ども（人間）のこと。たとえば、ぼくは学生時代に「子どもたちは一人一人みんなちがう」と教わって、教員になってからも「まったくいろんな子がいて、困ったもんだ」と悩んでいました。

ところが、仮説実験授業を始めた途端に目の前の中学生たちが僕の理科の授業を「たのしい、待ち遠しい」と言うようになりました。それまでは「あ〜、また理科かー！」と嘆いていた子どもたちなのにです。一部の子だけではありません、教室のほとんど全ての子どもたちが「たのしい」と評価してきたのです。そうなったら、ぼくは「なんだ、中学生って、みんな同じじゃないか」と思い、しかしまた「いろんな子がいてくれて、いいなあ」なんて思うようにもなってしまったのです。金子みすずさんの詩に「みんなちがって、みんないい」というのがあるけれど、それはこういうことなのかな？

でも、本当に「本格的な科学の授業＝仮説実験授業であれば、どんな子どもたちでも授業をたのしめちゃうんだ！」といっていいのだろうか。たしかに、二十代教師だった僕は「あー、これでなんとか中学の理科の授業をやり続けられるかも」と安心し、「これはすごい教育原理、授業理論だ！」と感激もしました。

でも、「すべての子」って、どんな子が含まれるのだろう？

「一部の例外的な場合をのぞいて」って、どんな場合だろう？

それでぼくは、「いろんな子」の発見をたのしみに、仮説実験授業をし続けてきました。それがまた、大きな生き甲斐にもなりました。だからオストワルドさん、「他にこんなタイプの子だっているんだよー」と気がついたら、ぜひ紹介してくださいね。

（小原茂巳）

10 教育でしか実現できないこと

仮説実験授業を提唱して以来、私たちが主張してきたことのほとんどすべてが正しかったのは、これは本当に運がよかったと思います。今までが正しかったからといって、これからもずっと正しいとは限りません。たとえば、少数派であるうちは誰もが自分の責任で授業をやります。ところが、指導要領で全国の教師に仮説実験授業を押しつけてもうまくいくかといったら、絶対にうまくいきません。私は仮説実験授業が大事だからこそ、断固として指導要領には入れたくないし、入れられるぐらいならむしろ弾圧されたほうがいい。そのほうが仮説実験授業にとってははるかに健全なのです。

自分たちの主張を人びとに認めさせようとしてあせると、どうしても政治的に権力を握って、それを押しつけようということになってしまいます。でも、それではダメです。私たちが主張する仮説実験的な認識方法というのは、あくまでも人間個人の「認識の問題」であって、社会とか体制といった得体の知れないものに受け入れられてどうこうするといった性格のものではありません。ある人にとって真理であることも、別の人にとってはまだ真理ではない。どうやってその人にも真理として納得してもらうか、これは大変なことです。

私は大学4年生か大学院の学生であった頃から、自分がやろうとしていることは途方もなく大きな仕事で、〈百年や二百年で達成できるような性質のものではない〉と感じていました。何しろ人間一人ひとりの認識の仕方を問題にしているのですから、これはとんでもなく時間のかかることです。

また、〈このような仕事は政治運動では実現できないだろう〉とも考えていました。なぜなら、政治運動というものは大なり小なり押しつけをともなうものだからです。労働運動も同じです。このような仕事は、教育運動でしか実現できないだろう。それも、今までの押しつけ的な教育運動でなく、一切の押しつけを排した新しい教育運動を創造することからはじめなければならない。仮説実験授業が〈一切の押しつけを排する〉ということを第一に謳《うた》っているのは、そのためです。

いずれにしても、とにかく時間のかかる仕事だからゆっくり進めばいい。その間には、いくらこちらが正しくても認めようとしない人びとが出てくるであろうから、そういう時は妥協もしつつ、しかし確実に自分たちの正しさを実証していこう、というのが私の基本的な考え方です。

それなら、時代の変わり目にあって、そこにおける政治的・学問的な第一線の問題を解決しようとするとき何が必要でしょうか。「頭がいい」という条件はほとんど無関係です。「誠実にものを考え、行動できる人」でなければできません。誠実にものを考えるというのは、〈いろいろな選択肢をもって考える〉ということです。「この段階ではどういう考え方があるか」ということを勉強し、あれはダメ、これもダメ、でもこれはいいだろうということで、1つの道をじっくり選んでいくことが大事です。

また、時代が変わるとき、それに対応できるかどうかの分かれ目は、「勇気」に関わる問題です。たとえば、幕末の時代に「開国派」につくか「尊皇攘夷派」につくかは、頭がいいか悪いかの問題ではありません。一つは、どういう環境に生まれ、どういう人と知り合うかの「チャンスの問題」です。それともう一つは、それまでには考えられなかったような思い切った発想や行動がとれるかの「勇気の問題」です。

そのときに、勇気が出せるのはどういう人でしょうか。出世が確実な人はダメです。「せっかくここまで立場を築いてきたんだから、それをフイにするのはもったいない」と考えたら、もう勇気は出ません。ところが、実力よりも立場が下で〈失うものなどない〉と感じている人は思い切った行動がとれます。人間は、自分の実力よりも立場が上になったらダメです。勇気とか誠実さというのは、そういうことにも関係してきます。時代が新しい段階に入っていくとき、その第一線で道を切り開くのは、そういう勇気と誠実さを兼ねそなえた人に違いないと私は思っています。

（板倉聖宣、一九九〇年2月、「時代の変革と仮説実験授業」。『月刊選択肢Ⅱ №3』ガリ本図書館）

「たのしさ」が未来をつくる力

二〇一〇年に明星大学で開かれた「楽しい科学講座」のとき、小原さんが紹介してくれた板倉先生の話（「ぼくの仕事は〈いい問題〉をつくること」『おそい・はやい』No.49、ジャパンマシニスト社に掲載）は、今回紹介した「20年前の板倉先生の思い」をわかりやすく〈解説〉してくれていました。その一部分を紹介します。

「私が、なぜここまで仮説実験授業にこだわり続けてきたかというと、本格的な科学を子どもたちに学んでほしかったからです／本格的な科学とは何かといえば、〈本当のことを明らかにする〉ということです。政治家や経済人など、日本の指導者たちを見ても、科学を学んでいない。本格的な科学を学ばないと、きちんとしたものの見方ができず、インチキが横行してしまうのを許すことになります。科学はもともと楽しいものです。〈本格的な科学を提供して、子どもたちの興味をかきたてる〉、そのために、テーマをひとつひとつ積み上げて〈授業書〉という財産にしていく仕事をしています」

科学を教えること・科学を学ぶことの楽しさを実感させてくれる授業書。授業書を通して本格的な科学を学ぶことで、ぼくたちは教育（学校）の未来に明るい夢を描くことができるのです。

授業の感想文を一つ。

「ナトリウムという物質が水と反応するとき、爆発するなんて知りませんでした。ナトリウム＝塩と思っていました。水銀に触れたりすると水俣病になると思っていたので、触れても大丈夫と知ったときは衝撃的でした。ひんやりして気持ち良かったです。白金黒《はっきんこく》での水素の爆発は印象的でした。不思議です。どの実験も楽しかったです。来年の理科の授業が楽しみです」（中村摩衣）

今回のスクーリングは、親子での参加でした。40組の中に、おじいちゃんと来ている子もいました。その姿を眺めながらぼくは、あと12年は元気でいて、「（孫の）さくらと一緒にルネサンス高校へ来たい」と思いました。そんな学校にするのがぼくの夢であり、仕事です。

（犬塚清和）

あこがれて踏み出した一歩

僕にとっての大きな変わり目。それは、はっきりしています。

一九七五年。24歳。仮説実験授業を始めた年。僕の内部で「時代が変わった」のです。

その1年前、大学4年のときに教育心理学の授業で村越邦夫先生に『未来の科学教育』（板倉聖宣著、国土社／仮説社）を紹介してもらいました。それを読んで、僕は感動してしまいました。そこには、〈どのようにしたら本格的な科学の授業が実現するのか〉がとてもわかりやすく、イメージ豊かに描かれていたのです。

それに、授業中の子どもたちの発言、授業を受けた子どもたちの感想文がまたすばらしい。巻末には「付録」として、ラジオのアナウンサーによる子どもたちへの〈先生ぬきの〉インタビュー記録がのっています。すごくなまなましい発言が飛び交っているのですが、そこで子どもたちは、「理科、大好き！」「大好き！」と答えていました。

それに僕はあこがれました。こんな授業がしたい！

そして、「このように真に子どもたちが主人公であるような理想的な教育が実現するのならば、僕もその担い手の一人になりたい」という夢・目標を描くようになりました。僕が〈自分自身で描いた初めての大きな夢〉でした。

しかし、一方で不安もいっぱいありました。はたしてこんな〈科学なんてまるでわかってない〉僕に本格的な科学の授業ができるのだろうか？　教科書との関係は？　同僚との歩調は？　管理職、保護者からの反応は？

それでも子どもたちに「先生の授業、大好き！」と言ってもらいたい一心で始めた仮説実験授業。この〈一歩〉が僕にとっては〈百歩前進〉になったのです。

子どもたちの支持が僕にどれほど教師としての自信と勇気をもたらしてくれたことか。以来、僕は子どもたちの笑顔を一番に求める〈たのしい授業学派教師〉への道を歩き始めることになったのです。

（小原茂巳）

11 問題意識を大切に

私の発想法で一番大切なことは「問題意識を大切に」だと言っていいと思います。これは、私が学生時代から大切にしてきた発想法です。最近（一九八八年12月）、学生時代に刊行した『科学と方法』という雑誌（ガリ版印刷）を復刻していただいたので、そのことをとくに思い起こしました。『科学と方法』の創刊号にも、「正しい問題意識は半ば問題を解決したに等しい」と力説してあるのがそれです。仮説実験授業流に言えば、「面白い仮説を思いつけば、問題は半ば解決したに等しい」ということになります。

正しくなくとも、面白い仮説ができればいいのです。そうすれば前進します。

午前中のガリ本図書館での餅つきのときに、「オガライト」というオガクズを固めたものがありました。たとえば、「これは水に浮かぶだろうか。沈むだろうか」という問題が出てまいります。そのとき、「これはオガクズ、つまり、木が原料だから浮くに決まっている」というのと、「いや、これは圧縮しているから沈むのではないか」ということがあります。そこで、「ア．浮く、イ．沈む」という選択肢をつくる。選択肢を作れば、もう明らかに「問題」になります。

実験したときに、自分の予想が当たっている必要はありません。自分の予想が間違っていれば、これは大発見です。科学研究では、〈自分の予想が間違っていることが大発見だ〉ということを知らない人が多いようです。予想が当たっていたら小発見なんです。誰だって自分の予想は信用していますから、自分の予想が外れたということは、自分に新しい世界が開けたということです。自分の予想が当たったということもうれしいことです。結局、「実験」というのは、〈どちらに転んでもシメタ！〉なんです。

その実験をするときに、たくさんの人たちがそこにいて、「木だから浮くに決まっている／持った感じでは沈みそうだ／固めたとき粘着剤や固形物が入ってそれで重いんじゃないか」とか、いろんな理屈を言います。そして、実験の結果は、イの「沈む」でした。すると、「密度は1より大きいけれども、ぎりぎり1で沈むのか。もっとずっと重くて沈むのか」ということが気になって、「塩水には浮くだろうか／沈むだろうか」と。

そのとき、こだわるのはどういう人かというと、「予想が外れた人」です。「なぜ多くの人は木で出来ているものが浮くと考えるのか／木を圧縮するとそんなに重くなるのか／黒檀《こくたん》は水に沈むけどどうしてあんなに重い木ができるのか／普通の木の密度が1より小さいのは何か意味があるのか／密度が1より小さいとなぜいいのか」「生物体のかなり多くのものは密度が1より小さいけど、それは進化論なんてことと関係ないのか」と、オガライトの話題から話が展開していく。そうすると、もしかすると新しい授業書ができるとっかかりになるかもしれない。

私は学生時代から、この「正しい問題意識は半ば問題を解決したに等しい」という言葉を振り回していました。私にとっては、世の中の人々が「これが問題なのだ」と言っていることも、その大部分が「問題」たり得ないのです。その「問題」らしきものも、少し根源的に考えると、たいていい〈解決すべき問題ではない〉ことがわかるからです。教育問題でも私は、昔から言われてきた「問題」を全面的に疑ってきて、新しい発想を得てきたと思っています。たとえば、「入学試験が諸悪の根源だ」という考え方があります。でも私は、「本当にそうか？」と根本から考え直すのです。

私が仮説実験授業の話をすると、多くの人は「いい教育ですね。だけど入学試験があるからダメでしょ」と言って同情してくれます。そのとき私は、「いや、そうじゃない。入学試験があるから仮説実験授業ができないんじゃありません。まだ私たちの研究がよく進んでいないからであって、入学試験が諸悪の根源ではありません」と答えます。諸悪の根源を入学試験なんかに押し付けたりすることによって、教育学者・教育研究者らは自らのサボタージュを正当化してきたと私は思っています。

（板倉聖宣、一九八九年2月、「科学とヒューマニズムと実験」。『ゆるぎない原則』ガリ本図書館『たのしい授業』二〇一八年5月号に再録）

「正しい実践的課題」をもつ

以前（といってもずいぶん昔のことですが）、仮説社のカレンダーに「ガリ本の日」というのがありました。2月11日の祝日です。毎年、その頃に板倉先生にガリ本図書館に来てもらって、「餅つき講演会」というのを開いていました。今回紹介したのは、「ガリ本図書館2周年記念」（一九八九年2月）のときのお話「ヒューマニズムと科学と実験」の冒頭の部分です。その日たまたま燃料に使っていた「オガライト」をとっかかりにして、「生物の進化論」にまで着想を発展させていく姿に、〈仮説実験授業の授業書を開発しつづける人の日常〉を見たような気がしました。「生きていることが研究、研究することが生きていること」そのままの板倉さんです。

「研究ということに対する問題意識」には縁遠いぼくですが、だからといって〈自分はダメな人間だ〉とは思いません。それは、仮説実験授業と関ることによって自分の中に気になる「実践的課題」が生まれてくるからです。もしかしたら、それも「問題意識の一種」なのかも知れないけれども、ともかく仮説実験授業がぼくに〈教師としての実践意欲〉を高めてくれていることは間違いありません。

ところで、「正しい問題意識は、半ば問題を解決したに等しい」というときの〈正しさ〉はどのようにして決まるのでしょうか。〈それも実験で決まる〉としても、それだけではちょっと物足りない感じがします。「正しい問題意識」を生み出す底にはヒューマニズム、人間中心の思想が息づいているに違いないからです。かっこよさや流行にのっているだけでは「正しい実践的課題」も生まれてきません。
ほとんど流行で動いてきた教育は今、「たのしい教師の道」を選ぶ人たちに頼らざるを得ないところにきています。そういう時代だと思います。

（犬塚清和）

明るい見通しがもてる道

二〇〇一年頃、明星大学の鯨井先生に「うちの学生に〈理科教育〉を教えてくれませんか」というお誘いを受けました。

当時、僕は中学校教師だったのですが、正直なところ、理科教科書の内容だってあまり自信はなかったのです。「そんな俺が大学生に授業ができるかなー」という不安が頭をよぎりました。でもすぐに、「よろしくお願いします」と返事をしてしまいました。それは、「教科書の内容だって自信がない俺の授業を、中学生たちがものすごく歓迎してくれている事実」があったからです。第一、大学生を相手に授業するなんて楽しそうじゃないですか！　学生の多くは、もうつまらない講義にうんざりして、元気をなくしているかも……。

だから僕は胸の内で、「きっと大学生は僕の〈科学の授業〉をとてもよろこんで受け入れてくれるだろう」などという大胆な予想も立てていました。その前提に立って、講義の最初に、「僕の授業の成功失敗の基準（学生に評価してもらう項目）」を公表することにしました。それはつまり、「オバラの授業が楽しかったかどうか」「科学を学ぶ楽しさが味わえたかどうか」「たのしい科学の授業が〈自分にも〈教師として〉できそうだ〉という自信がついたかどうか」ということです。

僕の授業の基本は、いつも未来の科学教育＝仮説実験授業です。もちろん学生さんには、生徒として、また教師役としての体験もしてもらいます。そんな授業を、学生たちはとっても歓迎してくれました。そして、〈人間に対する信頼感〉〈自分らしく生きることに対する希望と自信〉といったことも、感想文にいっぱい書いてくれました。僕も元気をいっぱいもらいました。

そんな生活も、10年をとっくに越しています。うんっ、今年も明るい見通し！　そして「明るい見通しをもった若い先生」が増えていく。すごくうれしいです。

（小原茂巳）

12 〈動機の構造〉から考える

私は中学生の頃から「外国語を勉強するのは他人に威張るためにするんだ」と固く信じていました。そんなことを固く信じてしまうと、外国語を勉強しようとする気はまったく起こりません。しかし、落第するのはイヤだから適当にしよう。――適当にやるのだから、できないに決まっています。

ところが私は、研究者になってはじめて〈語学が大事だ〉ということを知りました。今は、英語・ドイツ語・ラテン語・イタリア語・中国語はいちおう読めます。動機があれば読めるんです。片っ端から辞書を引いて読んじゃう。それはぼくが学者になって、そういう動機が起こったからです。そういう動機は、それぞれの人が持ちうるわけです。だから、その動機をもっともっと大事にしなければいけないと思っています。

私の認識論の中では、〈仮説〉がすごく大事です。問題意識が徹底的に大事になっています。「問題意識が大事だ」ということは、「動機が大事だ」ということです。「問題意識というものを大事にし、仮説を大事にする」そういう認識論の体系ができると、それがもとになって「動機がなくては勉強できないのだ」「子どもたちが〈できない〉というときに、〈動機があるのにできない〉ということがあるのか」という、教育についての問題提起が出てきます。私は、この〈動機の構造〉をもとに教育を全面的に考え直す必要があると思っています。

というのは、昔はお上《かみ》が「勉強して上の学校へ行く子どもはエリートにしてくれる」という保証があった。だから、昔の優等生は勉強しました。しかし今は、優等生になってもエリートになれる保証はありません。だから〈勉強しないのは当たり前だ〉とも言えるわけです。それなら、今度は「勉強しないのが当たり前」という立脚点に立ったらどうだ。そうしたら、「勉強しない子どもを〈落ちこぼれ〉とレッテルを貼って差別するなんて、それはおかしいことではないか」という結論が出てきます。私は、「落ちこぼれが何で悪い。そんなことは落ちこぼれてもかまわないではないか」と思うと同時に、「本当に人間一人ひとりが生きていくために必要なものは確実に得られるようにしたい」と考えています。

このような考えは、ある人にとっては奇抜すぎてついていけないと思われるかもしれません。しかし何も私は、「ここに私のような変わり者がいる」ということを言いたかったのではありません。私は「変わり者」であることをすごく自覚した人間ではありますが、じつは、私みたいな変わり者の方が圧倒的に多数派だという感じがあるわけです。だから、私の考え方の方がずっと一般性があるはずだと思っています。

「分数の足し算なんてどうでもいいじゃないか」とか、「複雑な計算問題なんてどうでもいいじゃないか」と考える子どもの方が一般的であるはずです。ところが、何となく学校ではそれが隠されてしまっている。子どもが落ちこぼれるのは、教師や今の教育学が、「その学習内容が意味のあることだ」ということを子どもたちに知らせるだけの力がないからです。つまり、今までの教育学はそういう子どもたちの生き方と関ってこなかった。落ちこぼれるのは、その子どもたちが〈今までの教育学の体系と折り合いが悪かったに過ぎない〉のです。そういうことを無視して、「この子たちはバカだから、これを教えるのは酷だ」というふうに考えるのは差別です。

科学の歴史を見ても、一八〇〇年代までは「科学の研究をいやいやした」なんていうことは絶対にありません。みんな楽しくやってきました。そういう人たちが楽しくやってきたことをやれば、今の子どもたちはみんな喜びます。それは頭のよさではない。そこに人間としての共通の好奇心、喜びというものがあるからです。そういうものを探していかなければ、「落ちこぼれの問題をはじめ、すべての根本的な教育の改革はありえない」と、私は考えています。

（板倉聖宣、一九七五年10月、愛媛大学集中講義。『たのしい科学の伝統にたちかえれ』キリン館、一九八九年）

たのしい授業の文化に浸《っ》かる

「たのしい科学の伝統にたちかえれ」という言葉からぼくが思い浮かべるのは、「ルネサンス」です。「科学的教育学の成立」という講演(一九八五年12月)で、板倉先生はこんな話をされています。

――ルネサンスというと何かすごく華々しくて独創文化という響きがあるかもしれませんが、その時代の人々は「ルネサンス(再生)」と呼んで、決して「創造文化」とは言いませんでした。〈模倣に徹する〉ことによって、その模倣性を越えるわけです。「近代文化というものは常に〈模倣と創造の矛盾〉がある」ということを知っているから、模倣についてのぼくの議論は違うし、授業書というものに対する評価も違ってくるわけです。

ぼくの担当する年間40回ほどのスクーリングの授業も、生徒がぼくの授業を体験するのは年に1回です。生徒たちに〈授業の楽しさ〉を感じてもらえなければ、ぼくがこの高校にいる意味がない、と思っています。そんなことが言えるのも、仮説実験授業の授業書があり、「たのしい授業の文化」に浸かっているからに違いありません。「教師という職業は、〈たいして学習意欲もない人びとに知識技能を教える職業〉ということができます」と板倉さん。『仮説実験授業をはじめよう』(仮説社)を机の上に置いているだけで、あなたの何かが変わるような気がします。

(犬塚清和)

長続きする楽しさ

先日、僕の「理科教育」最終講義の日、女子大生、岩渕美紀さんは講義終了を惜しんで、「みんながみんな授業に積極的に参加したたのしい授業でした」と感想文に書いてくれました。

「みんながみんな」なんて……とは思ったものの、学生たちがすごく意欲的なのはたしかです。

どうしてこんなに意欲的になってくれるのか。それは学生たちが〈授業書〉を通じて、初めて「学ぶに値する内容」に出会うからです。仲間と共に魅力的な問題群にとりくむうちに、「なかなか素晴らしい自分」をも発見していくのです。

学生たちは言います。「こんなに夢中になれた授業なんて大学で初めてです」「授業で（予想がはずれて）こんなに悔しがるなんて、自分自身びっくりしました」「こんなに頭を使ったのは初めて！」「私、この授業だけは寝ませんでした。というよりたのしくて寝る暇がありませんでした（笑）」……。

そういえば、中学で仮説実験授業をしていたとき、授業妨害常習のツッパリ健太が初めて討論に参加して予想を当てたときの感想文が「やっと！ 俺の番がきたぜ！」というものでした。あ〜、そうだったのか！「子どもたちは誰もが自ら輝く機会を待っている」――そのとき僕は、そんな発見をしたのです。

そしてさらに注目していることは、その関心・意欲が、ある1時間2時間のことではなく、ず〜っと続くということでした。学生たちの言葉を借りれば、「この授業は飽きない」「ぐんぐん引き込まれていく」

「眠くならない」ということ。そういえば、この僕だって35年以上も仮説実験授業をし続けているというのに、飽きないどころか、だんだん深く強く引かれるようになっているのです。

子どもの頃、よく母に「お前は飽きっぽいねー」と言われていた僕。そんな僕でもず~っと飽きない。それが「学ぶに値する内容」というものなんじゃないかな。

（小原茂巳）

13 楽しい授業への条件

私どもが「楽しい授業」というのを提唱し始めたのは、その考え方――何にもまして〈楽しいことが大事だ〉ということが元になっているわけです。「仮説実験授業を通してそれができる」「さらにその枠を拡大しよう」ということでやっています。実際に月刊『たのしい授業』（仮説社）に載る記事を見ると、楽しい授業が実現できている話が出てまいります。ところが、「楽しい授業がしたいなあ」と思っていても、実際には思い通りにいかない。困るのは、こういうことがしばしば起こることです。

「楽しい授業」になるためには二つの問題があります。一つは、『たのしい授業』に載った記事を真似っこしてもできないというとき、〈何を真似るか〉という「真似の問題」があります。教師の仕事は真似できますが、子どもの仕事は真似できません。ところが、楽しい授業の主役はたいがい子どもですね。「もう少しまともなことを言ってよ」といっても、自分のクラスではその真似ができない。〈教師の役割は真似できても、子どもの役割は真似できない〉という宿命があります。

そこで、楽しい授業を実現するための条件は、教師が〈楽しい授業を実現するための手続き〉を真似するということです。子どもについては、自然に同じような反応を示すことはあるかもしれないけれども、〈真似させようとしてはならない〉ということが大事です。仮説実験授業が「楽しい授業」を実現することができた根本の理由は、〈子どもの側には何も要求しない〉ということがあって成功したといっていいように思えます。

『たのしい授業』その他の雑誌に載るのは、軌道にのった先生の、さらにうまくいった授業記録が多いです。映画なんかもそうですね。すごく美しい場面を写します。授業記録だって、最もよかったようなものがとり上げられることが多いのです。

じつは仮説実験授業の場合、淡々と進んでいる、特別に感動的でない授業が何時間も重なることによって子どもと教師の信頼関係ができ、それが元でうんと感動的な授業になったりするわけです。だから、むしろそういう淡々とした授業の記録のほうが大事だといえます。実際に、私どもは初期の研究段階から、必ずしも感動的とは限らない、淡々とした、そして確実に子どもと教師の間の交通がうまくいっている、そういう授業の記録を検討してきたわけです。

ところが、かなり多数の人たちに読んでいただく、〈研究的〉ということでなしに読んでいただくとなると、どうしても標準以上の授業記録が出ることになります。そうすると、「ここに載っているのと同じにはできない」ということで悩んだりすることにもなります。そういう意味では、『たのしい授業』という雑誌は罪作りです。雑誌に載っているのと同じようにできないのはごく普通です。記録が載った人の場合でも、いつも同じように感動的であるわけではない。たまたま感動的であったということです。

ただ、あまりにも偶然的であると、これは私たちも除外してしまいます。「多くの先生が、軌道にのれば一年に一度や二度はそういうことが起こりえる」という、そういう場面を雑誌に載せるつもりです。だから、〈そういう授業がやりたい〉というのはまったく高望みだとは思いませんが、しかし〈すぐにやりたい〉というのは、やはり高望みであると思います。

今の自分の水準はこの辺で、そして誰かのすばらしい授業記録がある。ここまで行かなければ気がすまない人でも、今より少しでも上にいければいいではないか。いや、同じくらいであっても、今までは歯を食いしばってやっていたのが、「今度はラクしてやっても同じくらい」となればいいですね。私自身は授業をいたしませんし授業がすごく下手です。ただ、たくさんの先生方の授業の様子を見たり聞いたり読んだりしている中で、仮説実験授業その他の楽しい授業をやろうとして失敗する一番大きな理由は、〈高望み〉であるように思えてならないのです。

（板倉聖宣、一九八四年8月、「楽しい授業の大原則」たのしい授業ゼミナール・熱海）

教師入門と民主主義

仮説実験授業が提唱されたのが一九六三年。その年に書かれた板倉先生の文章でぼくの好きなのが「民主主義の旗を高くかかげよう」のなかの、次の一節です。

「教師は毎日たくさんの生徒とともに生活している。その教師にとって、自分の教えることの内容が多くの生徒にとって理解しえないということは苦痛である。だから教師はその本性からして、民主主義的である。自分の教えることがすべての生徒によくわかり、それらの生徒の生きた知識とな

ることを願っている」(科学教育研究協議会機関紙『科教研月報』第一〇三号(一九六三年9月号)・板倉聖宣『科学と仮説』季節社、155ページ)

ぼくが教師になったのは一九六五年です。当時は組合(日教組)もそれなりの存在感があって、「学習会」というのがよく開かれていました。世間知らずのぼくは、先生の学習会というのだから当然〈授業の進め方を教えてくれる会〉だと思いました。でも、「民主教育」とか「団結」という言葉がとび交うものの、授業の話はついぞ出ませんでした。だからといって何かを強制されるわけでもなく、「交流の場」としてはそれなりに意義のあることでした。「仮説実験授業の存在」をぼくに意識させてくれたのも、間接的にはこの学習会だったかもしれません。

ぼくが仮説実験授業をするようになったのは、民主的な教育への使命や情熱からでは全くありませ

ん。それは、理科の授業がうまくできない自分自身の情けなさと、生徒への申し訳なさからでした。もしこれが、従来の教育論と同じように〈考え方をちゃんと学ぶ〉ことを要求されるものであったとしたら見向きもせず、部活動で生徒たちと一緒に汗を流しているだけだったでしょう。ぼくにとって決定的だったのは、授業書の存在です。〈ラクをして授業が成立する〉ことでした。

「教師はその本性からして民主的である」という当たり前のことを、仮説実験授業をすることで自分自身で確認できたことのうれしさこそが、いま振り返ってみればぼくにとっての「教師入門」であったように思います。

あなたも、気張らずに、子どもたちとの新しい出会いを笑顔で迎えてください。

（犬塚清和）

たのしい教師になるための条件

教師1年生のときに読んだ『教師6年プラス1年』（仮説社）。その本の著者である犬塚清和先生に、僕はすごく憧れました。教室の子どもたちに「先生の授業、大好き！」「私、理科が好きになったよ！」と言ってもらえる犬塚先生。そっぽを向いていた女子中学生たちに「先生、ごめんね」という手紙をもらって理科室で号泣する犬塚先生。「あー、僕もこんな先生になりたいなー！」

さらに読み進んでいくと、どうも犬塚先生のやっている授業は「授業書」というものが用意されていて、そのままそっくり真似できるようです。犬塚さん本人も、「授業書をやって僕は初めて子どもたちに理科の授業を喜んでもらえた」と言っています。

「教育実践」が紹介されている本はたいてい「すばらしいな！」と思わせるだけでオシマイ。「真似するなんて教師として最悪」みたいな感じのものばかりでした。だから犬塚さんの書いていることは、僕にはすごい救いでしたね。

そこでさっそく真似して始めた仮説実験授業。するとたちまち、目の前の子どもたちに「先生の授業、たのしい！」「また、こういう授業、やってね！」なんて言ってもらえるようになったのです。

「へぇー、この僕でもできちゃうんだー！」

子どもたちの笑顔に囲まれて、どんなにうれしかったことか。

仮説実験授業は、新米教師の僕に限らず、「子どもたちの笑顔を願う先生なら誰でも」が〈たのしい授業〉を実現できちゃうように、「真似のできる手続き」が準備されていたのです。

「授業書」の存在が、どれだけ多くの教師と子どもたちの生活を明るいものにしたことか。そう考えると、「授業書はヒューマニズムを実体化するもの」といえるような気がします。

うんっ、僕、板倉聖宣さんにはノーベル賞以上の賞をさし上げたいな。そう思っている人は僕だけじゃないと思うのです。

（小原茂巳）

14

「理気論」と仮説実験授業

「理気論」などというと、〈理気〉というものがあるという感じですが、そうではありません。「理と気の論」と理解してください。いつからこんなことを気にするようになったかというと、空気という言葉の「気」とは何かを調べようと思ってからのことです。〈目に見えないものを見る〉というのは科学の偉大な力です。最初に目に見えないものを見た、その一つが〈空気の存在を知った〉ということです。「空気の歴史」をやろう、それも日本とか東洋のものをやろうということがもとで、「気」について気にするようになったのではないかと思います。それは、仮説実験授業の研究をはじめるより前のことです。

私は、〈ものを書く人間〉としては例外といっていいくらい文学を読みません。ところが、「気」が出てくる文献というと『源氏物語』とか『枕草子』や『太平記』、井原西鶴の『武家義理物語』などです。私はわりあい勤勉にできているので、文学は嫌いだけれどもそこに「気」が出てくるというので読む。いや、読むのではなく「気」という字を探すのですが、困るのは「き」や「け」で出てきたりします。そうした文学作品に「気／き／け」というのがどのくらい出てくるのか、「空気」という言葉は出てこないかを片っ端から探します。そしてやっと見つけました。しかしそれは、いま私たちが使っている「空気」としてではありませんでした。「空気」をなんと読むか知っていますか。文学作品ではこれを「うつけ」と読みます。「うつけ者」のうつけ、〈気がない奴／気が空っぽの奴〉という意味です。「気」がない、つまり真空になっちゃう。

今使われている「空気」というのは〈空間にある気〉ですが、当時は違っていました。

空気を「もの」として最初に認識したのは沢庵《たくあん》和尚（一五七三〜一六四五）のようです。外国から来た宣教師の話に影響されたと思います。沢庵和尚が「空気と水の実験」の実験をしたりして、〈見えないようで見える。ここにも空気はちゃんとある〉という。

こんなことを研究したからかもしれませんが、私は自分の〈気／気分〉をすごく大事にします。私は理屈の固まりのような人間です。〈理屈の固まりのような人間が気分を大事にするようになる〉というのは大変不思議なことです。「気」というのは、〈身体の中に充満している何か自分には見えないもの〉です。理性的な人間は「理」で通そうとするでしょ。私なんかそういうところがあります。自分の代表が〈頭〉であるのか、それとも〈身体全体にみなぎっている自分〉なのか。頭は、部分です。身体全体というのは、いかにも自分です。すると、気というのが自分であり、頭はその自分の一つの機能に過ぎない。頭というのは、下手をすれば洗脳されていて自分以外のものが入っている。〈頭ではわかっても、気分が承知しない〉ということがある。どっちが自分なのか、ということになります。

「気」というのは目に見えない。「これだ」と取り出せない。それを〈摩訶不思議なもの〉としてとらえれば、観念論です。だけど、摩訶不思議なものではなくて客観的に存在するものであれば、そのものの法則性がある。そのものの法則性をつかむことで「人間」というものを把握しよう、というのであれば唯物論です。

誰かの模倣をするときは頭で考えます。しかし、創造的に考えるときは「気」でいきます。〈身体全体がそんな感じがする〉ということを大事にする。だから私は、「何となく」というのを大事にする。創造性というのは、そういうものを大切にしなければ出てこないんじゃないか。仮説実験授業で「何となく」を大事にするのはそのためです。「何となくそう思えるから本当だ」というなら、これは神秘主義になります。しかし、わけがわからないときに〈理屈を越えた、理屈とは違ういき方=自分の行動の指針〉といったものを起こせるのが「気」ではないかと思います。私は「気」というものを大事にすることによって創造性が増したんじゃないかと思っています。

（板倉聖宣、一九八九年4月、「理気論と仮説実験授業」岡山たのしい授業ゼミナール）

「楽しい授業」の座標

「人々は人間には眼が二つあるというが、本当は眼は三つある。〈心の眼〉というのが別にあるのだ」と沢庵和尚。「心の眼」というのは〈気〉と相通ずるところがあります。「〈理〉を規制されてもそんなに怖くはない。しかし〈気〉を規制されたらとても怖い」と板倉先生が言われたことがありました。〈気〉や〈心の眼〉は、「たのしい授業の思想」に深くつながっているものでしょう。

　最近のぼくは、授業書の講座を受けもったとき最初に話をすることがあります。それは授業における「楽しい」と「わかる」の組み合わせの話です。（『たのしい授業への招待』板倉講演集『科学と教育のために』季節社）

「〈楽しい〉と〈わかる〉をくっつけると、次の4つの組み合わせができます。

①楽しくて―わかる
②楽しいが―わからない
③楽しくないが―わかる
④楽しくなくて―わからない

このうちどれがより民主的であるか、順序をつけてください」

というのです。「①③②④という順番が今の教師の常識ないしは良識。しかし私は、①②④③という順序でないといけないと思う。楽しい授業をやるために〈わからせる〉ということはあってもよいし、なくてもよいと考えています」と板倉先生。

　教育に対する〈世間の良識〉の「座標」にくさびを打ち込む。そのための闘いを楽しく続けていきます。もしよかったら，『輝いて！』（犬塚著、仮説社）の中の「管理を楽しさで解きはなす」を開いてみてください。

（犬塚清和）

「自分が気持ちいい」でなくっちゃ

4月。いよいよ今年度の授業の始まり〜！　教室に入る寸前の僕、心臓がドッキンドッキンしています。これは何歳になっても変わらない。「学生たちは、僕の授業を歓迎してくれるかな？　そっぽを向かれたら嫌だなー」。すでに60歳を越えている僕、廊下で若者のようにソワソワしているのです（笑）。

ところで、二〇一一年4月から「理科教育法1」の講義は研究会仲間の石塚進さんと山路敏英さんに手伝ってもらっています。それぞれのクラスで授業を終えたあとの反省会（コーヒータイム）での3人の会話。「初めはドキドキしたけど、すぐに学生たちがニコニコしてくれてほっとしました」「僕も同じ（笑）。授業書ってすごいねー、学生たちがすぐに授業に興味を示してくれるんだもの」「感想文を読んだら、ほとんどの学生が授業をたのしんでくれているのがわかって、今、僕、感激しています！」

授業直後のこの3人に共通しているのは……「あー、この瞬間、最高に気持ちいい！」ということ。

仮説実験授業は「科学上の最も基本的な概念や原理原則を教えるということを意図した授業」です。そして、授業の成功失敗の基準を「①クラスの過半数の子どもがこの授業を〝たのしい〟ということ。少なくとも、〝つまんない、いやだ〟という子どもが例外的にしかいないこと。それから②子どもの圧倒的多数がこの授業がわかるということ」としています（板倉聖宣『仮説実験授業のＡＢＣ』仮説社）。つまりたのしい授業の決定権は〈子どもたち〉にあるというのです。とはいっても、僕は僕自身が気持ちよくなれるから仮説実験授業をし続けているのです。授業者である僕たちも気分よくなれなくっちゃーね！

でも、そこのところはさすが板倉先生、先の文の続きに、「それから、もう一つ、③先生が、またこれをやってみたいと思うほどのたのしさ、おもしろさがあることです」とありました。仮説実験授業は、子どもだけでなく授業者の気持ちも大切にしてくれているのです。うれしいなー！　（小原茂巳）

15 〈学んだ感動〉が記憶に残る授業

初期の授業書のほとんどは私が中心になって作ってきましたし、今もその比重がかなり大きいのですが、いろんな方がそれぞれにアイデアを出してくださっていて、「私がいなくても結構いろんな授業書が発展するなあ」という感じがしております。仮説実験授業がはじまった初期のころは授業書がほとんどありませんでしたから、うんと基本的な、教えるに値するテーマを選んで丁寧に作ってきました。それで今は、自然科学に関しては〈作るべき授業書の半分くらい、考え方によっては三分の二ぐらいできちゃったのではないか〉という感じがするのです。そうすると、〈もう新しい授業書が作れないからつまんない〉という感じがしないわけではないですけれども、かなり授業書ができてくると、今度は〈いろんな授業書の重なり合い〉の部分が問題になります。

たとえば、これまで使ってきた《結晶》の授業書というのがあって、また新しく《結晶》の授業書を作り直そうというのですが、そうすると「新しい授業書」と「古い授業書」があることになってしまいます。しかし、仮説実験授業の授業書は、「授業書案」といっている段階ではなくて「授業書」と称した段階のものは、それなりにみないいのです。それなのに新しい授業書を作ると「どちらがいいのか？」というのが問題になってきますが、私のつもりでは「両方ともいいのだ」ということです。

学校というのはおかしなところで、「1回教えたらちゃんと定着する」という迷信がありますが、定着なんかしませんね。2回やっても3回やってもいつも新鮮で、なかなか定着しません。私たちは、いろんなものを〈忘れる能力〉があるから、新しいものが入ってくるのです。それも、入ってきたものを倉庫に整理して積んでいるような形で頭に入っているのではなくて、入れたものを絶えず使いながら生きているのだと思います。「出したり入れたりする空間の容量」が決まっているのではないか、という気がします。

これまでの教育は、勉強したことが〈悪い記憶〉とくっついていて、それで役立たないのです。覚えた知識が役に立つのではなく、それを学んだときの快感が残ってることが大事です。そうすれば、〈そんなのは忘れてしまったから、何かそれに関する本を読んでみよう〉というときに、いい気持ちで手をつけることができます。世の中に出ているたいがいの本は、多くの欠陥があります。それでもいいイメージがあれば、そういう本を読んだときに「理解できないはずはない。必ず理解できるはずだ」ということで、新しく勉強することができます。私が授業書を作るとき、自然科学のほうは割合に楽です。自然科学の専門家たちが「これは正しい」と太鼓判を押していることは、教科書や参考書がたとえどんなによく書いてなくても、「そのこと自身は間違っていないだろう」という確信をもって進むことができるのです。

教師という職業は罪深い仕事であって、子どもたちに教えることをどんどん増やしてしまうということがあります。だから、あまり無理して研究しては困るのです。大学の先生が教育審議会なんかで「これも教えたい、あれも教えたい」と、教えることを増やしてしまうのです。増やしておいて、学力低下の話では、「時間が足りないのに、たくさんのことを教えるからだ」とか言うでしょ。そんなの、減らしてしまえばいいのです。私は「本当にいいもの、本当に教えるに値するものを授業書として残したい」と思っています。

これまで私などが「授業書」といっているのは、そういう〈授業の内容〉を問題にしていますが、そういう意味では私は「授業書を増やしたくない」という気持ちが一方ではあります。たしかに、ある部分では、飽和状態ができつつあります。そうしたら、もしかすると、これまで「すべての人に教える授業書」としてあったものの中で、「これは必ずしも教えなくてもいい」ということで、新しいものと入れ替えることが問題になってきます。

（板倉聖宣、二〇〇四年1月、「仮説実験授業研究会 冬の大会・閉会挨拶」那須塩原）

授業は生き物です

◆「まさかこんなにも生物の本質的なことからやる授業だとは思いませんでした。〝種〟については私もぜんぜん知っておらず自然の不思議さに改めて驚かされました。視覚に訴える授業が、子どもたちの興味・関心を高めるために大切だと思いました」（京香さん）

◆「速すぎず間延びせず、授業のテンポがよかった。先生が一番楽しそうにしていたから、こっちも何となく楽しい気分になった。先生になったら、こういう楽しい授業が出来たらと思う」（恋雪さん）

◆「テントウムシの予想で、〝犬にも雑種があるから〟

という意見を聞いたとき、なるほどーとすごく納得できました。周りの人の考え方を知って、自分の考えをより深めることができました。討論って大切だと思いました」（晴香さん）

これは先日、千葉大で《生物と種》の授業をしたときの学生さんの感想です。男子は数人だけ、教室は色とりどりの女の子たちでいっぱい。ぼくの好きな光景です。

4月から齊藤萌木さんがここで担当している「学校と教育」の講義にぼくを呼んでくれたのです。次の週、彼女はこの授業書のつづきをしたそうです。そのときのコメントを読んで、ぼくはうれしくなりました。

「自分らしく」を意識して授業を進めた。気持ちよくできたと思ったら、感想文には一枚残らず、授業書の印象に残った部分が書かれていた。定型文的な感想がなくなった。「改めて楽しい授業っていいなと思った」と小幡さん。私もです。大学の先生になってよかった〜。（齊藤萌木）

授業書は生徒と先生がともに授業を楽しめるもの。片方だけが楽しめるだけのものだったら、それは仮説実験授業とはいえない。「やりたいと思った人がやる」という仮説実験授業の実践上の原則を保証しているのが授業書です。

地震と原発事故で延期していたスクーリングも、若葉の美しい大子《だいご》町で始まりました。「生まれ来る子供たちのために」の楽譜が印刷されたTシャツを着て、ぼくも授業を楽しみます。（犬塚清和）

「たのしかった」という記憶

僕のストレス解消法はお風呂。僕はしばしば近くのスーパー銭湯に行きます。先日、そこで十数年前の中学校時代の教え子のグループとばったり出会いました。「あっ、小原先生だ！」「ほんとだ！　懐かしいなー！」。僕はしばらくの間、20代のOL４名に囲まれてニンマリしていたのでした。

「小原先生といえば〈たのしい授業〉だよねー。あれ、たのしかったものー！」

さらに垂れ目になりながらも……「たのしかったというけれど、どんな授業を覚えているの？」。

二人のOLは「原子・分子のぬりえの授業かな」

「私は重さの授業」と答えてくれました。《もしも原子が見えたなら》と《ものとその重さ》の授業書ですね。

残りの二人も、笑いながら答えてくれました。

「う〜ん、私、思い出せない。でも、先生の授業はチョーたのしかったよー！」

「うんっ、私もみんなが夢中になって討論していたのを思い出す。たのしかったー！」

じつは、他の教え子たちから返ってくる反応も、ほぼこれと同じようなものです。授業の内容は覚えている子もいれば忘れている子もいる。けれど、共通しているのは「とにかくたのしかった！」ということ。そして〈たのしく学ぶことができた自分自身を誇らしく思えたということ〉〈みんなでたのしさを共有できたということ〉——このような体験がどれほどそれぞれの生き方に好影響を与えていることか。

「ところで、先生は（定年退職後の）今は何してるの？」

「僕は今も学校に行って授業をしてるよー」

「え〜っ！　まだ授業してるの？」

じつは教師である僕の中にも〝授業のたのしさ〟の記憶はしっかり焼き付いています。というより〝すご〜い快感〟として残っています。だから、以前から「いつまでも授業をしていたい」と願っていたし、今も授業ができることをシアワセに思っているのです。

そういえば、僕のまわりには、そんなシアワセな教師たちがたくさんいるなぁ！

（小原茂巳）

16

感動的な発見と自由な発想をもとに

今も世界の各地で、さまざまな紛争が起きています。〈キリスト教やユダヤ教を信じている西ヨーロッパの人びと〉と、〈イスラム教を信じているアラブ諸国の人びと〉とは、共通の起源をもつ一神教を信じている点では共通なはずなのに、互いに憎しみあって、ときには殺し合ったりしているのです。日本人は、そういう問題には関わりあっていないようにも思えます。しかし、韓国=朝鮮の人びとや中国人との民族的な食い違いは、今も根強く残っています。

民族が違うと、住んでいる場所が違うので、特産物も違い、得意な仕事も違います。そこで、違う民族の人びとと貿易すると、ふだん手に入らないものを手に入れることができるようになります。本書《えぞ地の和人とアイヌ》でふれたように、ニシンや昆布など、当時の「日本」では取れないものも手に入れることができるようになるのです。しかし、民族が違うと生活習慣が違うので、理解するのが困難なことにも出会い、ときには恐ろしく思うこともあります。だから、ふつうの人びとは、生活習慣の大きく異なる異民族の人びとの所へ行って交易をするなど、考えなかったことでしょう。じっさい、生活習慣の違う人びとの間では、ちょっとしたことから思いがけない〈誤解〉も起きやすくなります。それでも、〈異民族の人びととの貿易〉には大きな利益が伴ったことでしょう。そこで昔から、多少の困難にはめげない人びと、大きな利益をあげたい人びと、冒険を厭《いと》わない人びとは、外国貿易に夢を託してきました。

アイヌと和人との付き合いも、そのような交易から始まったことでしょう。そして、その交易にたずさわった人びとは、双方とも「儲かった」と思ったに違いありません。暴力で脅かされてのものでなければ、商売というものは、両方が「得した」と思えなければ実現しないものだからです。二つの民族が出会うとき、不幸な結果が生ずると決まっているわけではないのです。それなのに、これまでの歴史は、異民族の出会いがしばしば不幸な結果をもたらすことを示してもいます。とくに、一方の民族が武力を背景に公平でない取引を強要するようになったら、自由な交易の素晴らしさもなくなってしまいます。

歴史上の問題は、たくさんのことが入り組んでいることが多くて、簡単には解決できないのがふつうです。ところが、多くの人びとは、多くの誤解をそのままにして、自分の正義感だけで解決をはかろうとします。すると、ますます事態が混乱してしまいます。誤解をとくには、「自分たちの日頃の考えが正しいか間違っているか」、一つずつ予想を立てて、事実とつきあわせて確かめていくことが一番の近道なのです。そういう〈社会の科学的な見方考え方〉を身につけるのに、この授業書《えぞ地の和人とアイヌ》が役立てばいいと思っています。

＊

江戸時代以前、北海道は「蝦夷地《えぞち》」と呼ばれていました。その〈えぞ地〉が「北海道」と呼ばれるようになったのは、一八六九年＝明治二年以後のことです。その〈えぞ地＝北海道〉に日本人が住む前には、アイヌ民族という〈日本人とは生活習慣などが違う人びと〉が住んでいました。日本人は、その場所にアイヌの人びとと一緒に住むようになったのです。その時代、日本人はアイヌに対して自分たちのことを「和人《わじん》」と呼びました。大昔、中国人が日本のことを「倭《わ》の国」と呼び、日本人のことを「倭人《わじん》」と呼んだことによるものです。「アイヌ」というのはもともとアイヌ語で、「カムイ＝神」に対する「人＝アイヌ」という意味の言葉です。

それでは、和人＝日本人は、もともとアイヌの人びとの土地だったえぞ地＝北海道に、どのようにして入り込み、住みつくようになったのでしょうか。いまも、地球上の各地で、〈民族の違う人びとの間での争い〉が続いています。そういう問題をどう考えたらいいか、というヒントともなればと考えています。

（二〇〇四年、板倉聖宣『（ミニ授業書）えぞ地の和人とアイヌ――二つの民族の出会い』仮説社）

「ナルホド！」と思う瞬間

月刊『たのしい授業』二〇一一年7月号の「言葉にこだわる発想法」、同年6月号の「〈社会の科学のことば事典〉の構想」を興味深く読みました。板倉先生の書いた授業書は、言葉へのこだわりから生まれた〈自由な発想〉と〈感動的な発見〉を形にしたものであり、それを学ぶぼくたちは自分のこととしてその〈感動や発想〉を楽しむことができるのです。

今回紹介した板倉先生の文章は『えぞ地の和人とアイヌ』（仮説社）の「あとがき」と「はしがき」です（どちらも抄録）。「どうしてこれを」と思う人もいるでしょうが、この本（ミニ授業書）は、言葉を変えたことで本質が見えてくるということに感動した記憶があるからです。それは「コシャマインの戦争」についての記述です。

> ——この戦争はこれまで〈コシャマインの乱〉と呼ばれていて、〈戦争〉とは呼ばれてきませんでした。しかしこれは、明らかに、〈和人〉と〈アイヌ〉という二つの民族間の〈戦争〉と呼ぶべきものです。
>
> 「乱」というのは、もともと「乱れる」という意味の言葉です。ところが、コシャマインの〈乱〉というのは、〈平穏に暮らしていたアイヌの社会〉に和人が入り込んだために起こった事件です。だから、アイヌ側からは〈和人の乱〉とは呼べても、和人の立場からは〈乱〉と呼ぶわけにはいかないのです。（46〜47ページ）

「板倉先生はここまで気にして授業書を書いてい

るんだ」と感激したのです。歴史の教科書などに「〜乱」「〜事変」と書かれていることの中で、「戦争」と呼んだほうが本質を理解しやすいものがあるかも知れません。

「言葉にこだわる発想法」に書いてあった、「理解しにくいカタカナ表記には〈振り仮名〉ならぬ〈振り漢字〉をつけるといい」という発想には、ナルホド！でした。少し前に授業書《溶解》の文章をいじっていて、〈でんぷん〉を〈デンプン〉としたのですが、〈澱粉〉と振り漢字をつければよかったです。デンプンって、〈水に溶けなくて沈澱する粉〉ですよね。

（犬塚清和）

「問題児」なんて、書けないな

僕が新任のとき勤務したのは、いわゆる「荒れている中学校」でした。授業中に立ち歩く者もいればおしゃべりなどの授業妨害があったり、さらに校舎破壊、対教師暴言・暴力があったり……。

学年会・職員会は連日、夜遅くまで続きました。でもそこでの結論は決まっていて、「教師は一致団結し、生徒には毅然とした態度であたろう」というものでした。

僕が教師2年目に出会ったトイダ君も、そんな少年の一人でした。最初、僕の目にも彼は「問題中学生」の一人として映ったのです。

ところが、仮説実験授業を始めたら、なんとトイダ君がとても意欲的に授業参加してきたのです。予想がはずれると「むかつく！」「ぶっ殺す！」などと叫ぶので、こちらはドキマギしてしまいましたが、これも彼なりの〝意欲〟の現れだったのです。そんな彼ですが、実験して予想が当たったときは思いっきりの笑顔になる。そして、クラスメイトと喜びを分かち合っている……。あー、トイダ君はたのしい授業を待っていたんだなー！　こんなに輝くんだもの！

こうなると、彼らのことを「問題中学生」なんて呼び（書き）にくくなってしまいました。でも、彼らの活躍は多くの人にすごく知らせたいのです。困ったなあ。

語彙にとぼしい僕は、しかたなく〝ツッパリ君・さん〟と呼ぶことにしました。彼ら彼女らは精一杯ツッパっている。しかし〈たのしい授業〉のときはすごく意欲的になって授業を盛り上げてくれる人たちなのです。

〝ツッパリ君〟という言葉をつくってから、僕はずいぶん気持ちがラクになりました。自分で使って恥ずかしくない言葉で表現するって、こんなに気分がいいものなのか。それからというもの、僕は「〝ツッパリ君〟とたのしい授業」に関する文章を次々に発表するようになりました（『授業を楽しむ子どもたち』仮説社、を見てくださるとうれしいです）。

その後、僕はさらに「ツッパリ」という表現にも違和感を感じて、こんどは「元気な」という言葉を思いつきました。〈元気なクラス〉や〈元気なトイダ君〉でいいじゃないか。そう気がついて、僕はまた一段と気持ちがラクになったのです。（小原茂巳）

17

科学的認識と文学的表現

今日の話は「科学的認識と芸術的認識」ということですが、ふつうは、〈科学は認識だけれども、芸術というのは表現だから「芸術的認識」というのはおかしい〉と言ったりします。そう言われるとそうかもしれないと思いますが、私には納得できません。

たとえば、私が書いた本に『ジャガイモの花と実』（福音館／仮説社）というのがあります。割合に評判がよくて国語の先生なども授業に使ってくださいますが、あるとき教科書会社から「検定教科書に載せたい」という話がありました。〈良心的〉というのが謳い文句の教科書会社の編集部です。「長い原作に勝手に手を入れて載せるようなことはしたくないので、新しく〈ジャガイモの花と実〉という原稿を書いてくれませんか」というのです。

これは科学の本です。教科書には説明文として入れるわけですから、科学的認識の方を問題にしているわけです。だから、「短い原稿を新しく書いてほしい」というのはわかるような話だけれども、私にはわかりません。そのとき、「オレは文学者かもしれない」と思ったのです。というのは、今は墓の下にいる夏目漱石さんに電話をかけて、「あなたの『坊ちゃん』を教科書に入れたいけど、長いから短く書き直してくれ」と言ったとき、「ハイ、わかりました」と言うでしょうか。言いませんね。

あの長さで表現されたものが夏目漱石の『坊ちゃん』です。それと同じです。『ジャガイモの花と実』について私なりの科学研究の成果があがると同時に、それを表現するときにはある一つの説明の仕方をするわけです。科学の本であろうと、その〈表現されたもの全体〉として評価されるわけです。その形を変えてしまったら、もとの『ジャガイモの花と実』がよかったとしても、新しく書かれたものがよくなるという保障はありません。だからもし私の力量を尊重してくださるのならば、「〈ジャガイモの花と実〉ではなくていいから、ああいった内容で10枚くらいの原稿を書いてくれないか」という要求をしてくるはずです。

〈科学は、認識を問題にして、表現の方にはあまり力点をおかない〉というけれども、そんなことはありません。学校なんかではよく、「研究は自由だが発表は自由じゃない」と言う人がいます。でも研究というのは、表現しなければ研究とはなりません。〈自分が考えたこと、発見したことを社会的な共有財産としなければ科学とはいえない〉というのが、私の論理です。その発見されたものを世に訴えていくときには、必ず感動的な表現になります。それは、自らの発見についてその人自身が感激しているし、一方、自分の発見を相手が必ずしも認めないかもしれないからです。〈相手を説得しなければならない〉という迫力があるときには、その表現はすごく感動に満ちたものになります。

たとえば、ガリレオの『天文対話』という本はすごく迫力があります。それは、ガリレオ自身が自分の発見にホレボレしていると同時に、世の中の人が認めてくれないことに対して憤慨しているからです。でも、憤慨したら負けです。相手を尊重しながら、いろいろな証拠をあげて「あなたの言うことが本当かもしれません。しかし、私のほうが本当かもしれませんよ」ということで謙虚に振舞いながら、相手を自分のほうへもってこなければならない。そのために、相手の認識をひっくり返すような高等な表現力――相手が感動をおぼえるように書かなければならないから、その表現は必然的に文学的になります。

ところが、科学の世界で権威と認められるようになると、それにあぐらをかいてしまって、「真理は決まっているじゃないか。わからないやつはバカだ」という調子になって、文学的表現から遠ざかります。しかし、孤立した科学、自らの権威性が認められていないような科学的認識は、必然的に文学的表現になります。私は、〈仮説実験授業では認識というものを大切にする〉という以上に、表現というものを大事にしたいと思っています。

(板倉聖宣、一九八二年5月、講演「科学的認識と芸術的認識」美術の授業研究会・箱根。『科学と芸術のすきま』ガリ本図書館)

授業書は「文学作品」でもある

いつの頃からかぼくは、仮説実験授業の研究会の中での「授業書の改訂」や「授業書の短縮版」に強い違和感をもつようになりました。ところが、その違和感はどこから生まれるのか、自分で納得できる答えが見つかりませんでした。二〇一一年夏の全国大会の力学分科会で、「授業書の短縮版」としか思えない授業プランに対して、トシ甲斐もなく声を震わせてしまうぼくがいました。「授業をして子どもたちが〈楽しい〉という実験結果が出たなら、このプランもいいのでは…」という意見にも、素直に納得できませんでした。

そのとき思い浮かべたのが、発明クラブの子どもたちを前に語ったという益川敏英さん（ノーベル賞受賞者）の言葉……「君たちの発明はなかなかおもしろかったけど、あれは科学遊びであって、その延長線上に科学があると勘違いしてもらっては困る。きちっと基礎から勉強してほしい」（『「フラフラ」のすすめ』講談社）でした。同時に、「キミ子方式でいい絵が描けるのは、たくさんの時間をかけているからです」といった板倉先生の言葉も思い出しました。

授業書というのは〈教えるに値する内容〉を、押しつけなく〈楽しく学ぶ〉ことができるように組み立てられたもの——それを文字で表現した「文学作品」です。そういうとらえ方ができるなら、相当の理由もなく、〈教師の事情〉でその「作品」を変更することはできないでしょう。

〈仮説実験授業を自ら選んだのなら、自分の人生のためにとことんやるしかない〉と心を奮い立たせる暑い夏です。

（犬塚清和）

自慢話じゃ叱られるかな

20年ほど前、仮説実験授業研究会全国大会の「教師論」分科会でのことです。僕は「子どものスバラシサの発見と〝たのしい授業〟」という発表をしました。そのとき、ある参加者から「仮説の人の資料は、自慢話が多いですね」という感想が出されたのです。ドキッ。「この人、何を言いたいのかな？」

どう反応していいのかわからないまま、僕は胸のうちでつぶやいていました。「だって、仮説実験授業を始めたら目の前の子どもたちがいっぱい躍動して輝いてくれたんだよなー。子どものスバラシサをいっぱい発見できた！　それがうれしくて思わず書いちゃったんだけどなー」「それに、子どもたちが、〝たのしい！　またこういう授業をやってね！〟なんて言ってきた。さらにうれしくなっちゃったんだよなあ。う〜ん、これってやっぱり〈自慢〉なのかなー。〈自慢〉じゃいけないのかな」

もともと僕は文章を書くのが大の苦手でした。そんな僕が文章を書き、それを人前で発表したいなんて思うようになったのは、仮説実験授業がキッカケだったのです。子どものスバラシサを発見し、なんと、僕のスバラシサまで発見して感動し、そうした感動をまわりにもお裾分けしたくて、夢中になって文章を書き始めたのです。

幸い、仮説実験授業はちょっと熱心な先生なら誰でも真似できます。その気になればすぐにも子どもたちに本格的な科学の授業を提供できるのです。だから「僕の感動」は「僕の自慢」であるにとどまらず、「あなたもいかがですか」というメッセージでもあると思ってきたのですが……。

その分科会で、僕はやっとのことで質問を一つ思いつきました。

「自慢話でごめんなさい。で、あなたはそのことをどう思われたのですか？」

すると、その人はニコニコしながら、「いやー、教師が子どものことで自慢話ができるなんてうらやましいんですよ。僕もそういうふうになりたくてこの会に来ました」と答えてくれました。

その言葉で、会場に笑顔がぱーっと広がりました。僕も、とってもうれしくなったのでした。

（小原茂巳）

18

教育が生まれかわるために

〔質問〕――授業書というのは、〈誰が教えてもうまくできる〉ということで、それはすばらしいと思うのですが、その考え方の背景というか条件についてお聞きしたいですが……。

ぼくは、教師と子どもでは絶対に子どもを支持します。それと同じ原則で、教育委員会や教育学者や教育運動のリーダーと教師ならば、絶対に教師のほうを支持します。つまり、〈教師が努力しなければダメだ〉とか〈教師が自主編成しなくちゃダメだ〉とか、そんなふうには考えないということです。だいたい、教師が自主編成するなんて大変です。自分で自分のやる授業を作り上げていくなんて、そうそう出来るもんじゃない。出来るような格好をして見せるだけで、結局はうまくいかない。いろんなことで失敗します。すると、「こんなことも知らなかったのか」「努力が足らん」「勉強不足だ」なんて言う。それは指導主事もそうだし、教育学者もそうだし、民間教育運動のリーダーだってそうです。〈そういうのはケシカラン〉とぼくは思います。

教師はみんな一生懸命勉強して、たのしい授業をやりたいと思っているんです。しかし、人並みの休憩もとりたいと思っている。さらに言えば、教師だって学生時代にそれほど科学がわかっていたわけではない。「そういう人たちが間違いなく授業ができるようにしないといけない」と、ぼくは思うんです。

もし、教師が間違ってしまうような授業プランだったら、問題はそのプランを作った側にあるのです。つまり、そういう授業プランを作ったぼくらの側が責任を負うような形でしか運動は展開できないんじゃないか——というのがぼくらの考えです。それだけに、教師は、押し付けられて仮説実験授業をやってはいけないのです。

だから、ぼくが全部責任を負う場合の基本的な条件は、教師の自発性が決定的です。その教師自らが「仮説実験授業がいい」と思って、自発的に「仮説実験授業をやりたい」と思った。なおかつ、「子どもを尊重する」というのであれば、ぼくは全責任を負います。子どもが間違えたら、子どもが悪いんじゃなくて板倉が悪いんだ。さらには、〈その原因は授業書にあるんだ〉というような発想をしてくれる教師であるならば、ぼくが授業の成功を保証していきます。「100％誰でも」というまではいかなくても、90％は保証できます。

ところが、普通は〈教え方について、教師は何がしかの工夫をしなくちゃいけない〉ことになっているものだから、誰かが作ったものをそのままやるということに、かなりの先生は後ろめたさがあるようです。でも、考えてみてください。もし量子力学を教えるなんてことになれば、先生は「その教え方」を発明しなければならないわけです。だけど普通、そんな発明はできないでしょう。〈それは無能だからだ〉となりかねないのですが、人間っていうのはそれくらいの力しかないのです。でも有能だと思いたい教師は、「誰でもできる」というのがイヤなんです。だいたい仮説実験授業をやることとは、「反骨のあるナマケ」です。

教育の問題点に、「買いかぶり」というのがあります。これは何のためにするかというと、上の人間が下の人間をイジメルためです、「これぐらいのこと、あなたはできなくちゃいけない」といって叱ったりします。そのとき、叱られたほうは「尊重されている」と思っちゃう。

文部省（現・文部科学省）は、教師の自発性を尊重し「先生は自発的に授業プランを作りなさい」みたいこと言う。その一方で、指導要領とか教科書で縛る。片方でシメながら、片一方で創意工夫を奨励するわけです。つまり、自分のシメツケの範囲以内で相手を買いかぶってくる。尊重されているようで、本当はイジメられているんでしょ。だから、「創造性とか創意工夫」を言うっていうのは、尊重されているようでいて、じつは危ないんだ。そこに「買いかぶりの論理」が入ってくるからです。民間教育団体だってそうです。創意工夫を謳って相手を買いかぶり、うまくいかないと悪口を言うでしょう。ぼくらは違います。悪い授業を見たら、〈授業書の欠陥〉を探していきます。

（板倉聖宣、一九七三年3月、「板倉さんを囲む夕べ」東京）

ぼくの夢もつづきます

先日、「ルネサンス豊田高校」の開校式がありました。「開校の言葉をお願いします」と言われていたけど、〈やりたくないことは後回しのぼく〉は健在で、前日の夜になってあせりました。

短文を書くのは得意?とするぼくですが、問題は「挨拶」です。スーツを着るだけでもイヤなのに市長や教育長など来賓を前に話をするのは緊張します。うまくできないことはわかっていますが〈前に立つだけで顔が赤くなった若い頃のぼく〉は卒業しています。まあ、それだけでも大したものです。

「学校の価値は〝授業〟にあると考えています。生徒たちに、学び甲斐のある内容、楽しい授業をしていくことが教師の仕事です。この学校を、あるべき高校教育の一つのモデルとして多くの人たちに認められ、迎え入れてもらえるような実践を先生たちと作りあげていきます」と挨拶をしました。

ぼくの一番の仕事は、先生たちが自分の得意とするもの、やりたいことを自分の責任でやれるような環境（雰囲気）を作ることだと思います。そして、孫のさくらやことはが進学する高校の選択肢の一つにしてくれる高校でありたいです。

ぼくの好きな本の一つ、板倉聖宣『教育が生まれ変わるために』（仮説社）の「はしがき」にある言葉を紹介します。

――「私はここ40年近くのあいだ、ずっと教育の現場にあって、その教育の内容と方法の全面的な改革に携わってきました。……その結果、教育の内容と方法を全面的に改革すれば、〈子どもたちは素晴らしく意欲的に勉強するし、人間的なあたたかさを示しもする〉ということを見ている」

「人間的なあたたかさを示す」という板倉さんの言葉に、人間に与える「楽しさ」の力を感じるぼくです。誰も使わない「校長室」には立派な本棚が備え付けてあります。そこに「仮説実験授業」「板倉聖宣」の本を並べることからはじめます。

（犬塚清和）

そっくりなこと、まるで違うこと

明星大学では、学生に仮説実験授業を紹介している教師が僕の他に3名います。山路敏英さん、石塚進さん、佐竹重泰さんです。毎週、火・水・金・土はどこかの教室で仮説実験授業が行われています。なお、教育学部の2年生の多くは僕と山路さんの両方の授業を受けています。

後期の授業が始まったばかりの頃、僕は何人もの学生たちに「先生の授業って、山路先生の授業とすごく似ていますね。授業のすすめ方なんかそっくり同じだもの」と言われました。山路さんも同じように、「小原先生のと似ていますね」と言われるそうです。

そんな学生たちに、僕は「そうだよ。僕らはお互いに真似し合っているのだもの」と答えることにしています。

講義では二人とも《授業書》と『講義ノート』（小原・佐竹で作ったもの）を使って授業を進めています。このように、〈二人の授業が似てる・そっくり同じ〉ということを学生たちはどう受け止めているのでしょう。「わーい、二人で真似っこしてる～！」なんてヤユしているのでしょうか。

彼らは「二人の授業は似てますね」と言った後に決まって、「それがうれしい。たのしいんだもの。だからこれからの先生の授業もすごくたのしみなんです！」と答えてくれるのです。

数時間も授業を受けていれば、学生たちは〈二人の授業のどこが共通なのか〉〈たのしさはどこから生まれているのか〉に気がつくはずです。そして、

「これ（授業書）があれば、私だって〈たのしい授業〉ができるかもしれない。あー、ワクワクするなー！」

――未来の教師たちは明るい希望を持ってくれることでしょう。

ある男子学生が面白いことを言いました。

「小原先生と山路先生の授業はすごく似ている。でも二人の個性はまるで違う（笑）。山路先生はゆっくりやさしく話しかけるけど、小原先生はキョロキョロたのしく話しかける。でも、授業のたのしさでは二人ともこの大学では群を抜いている」

僕は思わず彼をハグしてしまいましたよ。

（小原茂巳）

19 仮説実験授業の基本

私の『模倣の時代』（一九八八年、仮説社）以前の日本でもっとも感動的な科学史の本は、『蘭学事始』*です。江戸時代に何人かの医者が西洋医学の人体解剖図を見て、「中国伝来の日本の解剖図とはいくつか根本的に違うところがある。向こうのほうがずっと進んでいる」と思って、オランダ語を勉強します。誰かがすばらしい科学をつくっているときには、それを模倣したほうが勝ちです。自分の創造性を発揮して、一生懸命研究しようとしてもダメです。

*『蘭学事始』…一八一五年、晩年の杉田玄白が大槻玄沢に書き送った研究回想記。菊池寛『蘭学事始』はその小説化作品。

「模倣の時代」というのは、〈模倣することの大切さの発見――創意工夫しようとして失敗したたくさんの人たちの貴重な経験〉がものを言う時代です。努力に努力を重ね、創意工夫を重ねて失敗した代償として「やっぱり学ばなきゃダメか」となるわけです。これは決して、〈優等生根性／模倣根性〉といってバカにはできません。より進んだ人たちから学ぶほうが大事なのです。

たとえば、仮説実験授業というものができたならば、仮説実験授業の成果をできるだけ正確に全部受け継ぐことです。科学は自然発生しないのですから、もし誰かが素晴らしいものを作ったら、それを受け継げばいいのです。

私が仮説実験授業を作ったときも、「私は三浦つとむ（一九一一〜八九）や武谷三男（一九一一〜二〇〇〇）の方法論を教育に適用しただけだ」とずっと思っていたし、今でもある意味ではそうです。忠実に適用すればこうなってしまう。私は創造性も何も発揮していない。だから、三浦さんや武谷さんから「おまえのはオレの考えと違う」といわれることを恐れていて、もしそう言われたら「オレのは独創的だ。仕方がない」と宣言しようと思っていました。ところが、私の友人たちは「武谷三男や三浦つとむを乗り越えよう。それとは違う発想をしたい」と努力しましたが、それではダメです。成果を上げた方法や考え方は全部使ったほうがいいのです。前の人がやったことをまったく同じように使っても、成果は必ずしも上がりませんけれども、上がらなければ仕方がない。でも、上がったときには必ず新しい世界が開けます。

仮説実験授業というのは、「優等生根性を排する」ということを謳っておりますが、同時に「劣等生の独創根性を排する」ということを大事にしています。ある意味で仮説実験授業というのは、〈自分に自信のある人が科学に組み敷かれる悲惨なる敗北の授業〉です。「オレはいいことを考えた」と思っていると、結局「オレが考えたよりも科学者の考えたほうが正しいのかなあ」とね。それをあまり屈辱と感じさせずに、なんとなく自分自身が考えたように感じさせるのが仮説実験授業です。

科学というのは客観的なものですから、うまく成功した考え方にのっとって考えるほかありません。そういう点では、優等生的に考えなきゃいけない。ただそれは、「はじめから言うことを聞く」という優等生でなしに、「やっぱり先人から学ばなければいけない」とつくづく感じ、しかも〈はみ出さざるをえないときにははみ出る〉という学び方が大事です。

仮説実験授業のもっとも基本的な考え方は、〈人間というのは自分自身の仮説を実験的に検証しなければ納得できない〉ということです。つまり、「昔からみんなが正しいと信じていることだから信じなさい」と言ってもダメで、たとえ屈辱でも敗北しなきゃいけない。「オレは負けたよ。力の原理をもとに考えるとここまで合っちゃうんだ。もう、言うことを聞くよ」ということで、自分が納得する。これは屈辱ではなくて、自分自身の成長です。このように、自分自身が納得するという形で科学を受け入れるというのは、これはある意味で「科学の社会性」のあらわれでしょ。「社会的な伝統」と「個人的な伝統」というもの――この2つが結合してはじめて、仮説実験授業は成り立つのです。

私は劣等生的な正義感にあふれていて、模倣するのが嫌いで、今でもその体質が染みついていて困るんです。「誰かから学ばなきゃいけない」と言いながら、なかなか学ぶことのできない人間です。だから、普通の人よりも特に「模倣の重要性」を説くことになるのです。

（板倉聖宣、一九八八年8月、「科学入門講座」愛知）

「たのしさ」の権利

板倉先生の『ぼくらはガリレオ』（岩波書店）の中にこんなくだりがあります。

――「アルキメデスって、なんてすばらしい学者なんだろう」ガリレオは、今日もつくづくそう思わざるを得なかった。彼は、「アルキメデスの『浮力論』を今また読み返したばかりだ。

　この文章の小見出しには「探偵アルキメデスと歴史家ガリレオ」とあります。アルキメデスが「探偵」で、ガリレオは「歴史家」という板倉さんのとらえ方が新鮮です。仮説実験授業が「科学上の基礎的一般的な概念や原理的な法則を教える」ことを謳っているのは、それはガリレオだけでなく、ぼくらの中で科学は自然発生しないからです。

　少し前の新聞に「故坂田昌一博士（一九一一〜七〇）、生誕100年記念石碑の除幕式」の記事が出ていた。その式でノーベル物理学賞の益川敏英（一九四〇〜）さんが、「良い組織と良い思想があれば、良い仕事ができる。坂田研究室にはその両方があった」と語っていた。

　ぼくが自分のクラスの教室に「いつも笑顔で元気です」という言葉を掲げるようになったのは、仮説実験授業に出会って20年ほどたった一九八五年です。これは、〈教師としての自分の行動は自分で責任を取る〉という明確な強い意志を自覚できたからです。それにしても、この言葉が仮説実験授業にかかわる人たちの間に、こんなに広がったのはビックり。うれしいことです。

「責任をもつ、というのは自分の権利だ。責任をもたないのは、自分の権利を他人に譲ってしまうことだ」と板倉さん。「たのしさの権利」を他人にゆだねない生き方を教えてくれるのが仮説実験授業でもある、とぼくは思っています。たのしい教師も自然発生しません。（犬塚清和）

科学と契約しちゃいます

20年以上前に、犬塚清和さんがある講演の中で「自分の主体性と科学の主体性の契約」という板倉先生の話を引用・紹介してくれました。——「自分の主体性を認め、そして科学の主体性を認め、相互の主体性を尊重したうえで相互に認め合う、そういう形で科学との関係を結べるような手立てをすることが〝科学入門〟だと、私（板倉）は考えております」。

当時すでに仮説実験授業をしていた僕には、すごくフに落ちる話でした。「そうかー、科学に入門するとはこういうことなのかー。こういうことだったら誰でも気持ちよく科学に入門できるのになー」と感激したのです。

そこで僕は、今や毎年のように学生たちにこの話を紹介するのですが、そのときは決まって、まず授業書《自由電子が見えたなら》を体験してもらっています。

◆「今日の問題は全て間違えてしまいました。先週の授業で〝金ピカ・銀ピカのものは全て電気を通すんだ！〟と理解したはずなのに、私の中の〈自分の主体性〉がまだ生きていて〝ユンケルの箱の金色の所は電気を通すのか〟の問題では〝電気を通さないだろう〟と予想しました。でも、今日の授業を終えて、私は心の底から〝科学と契約できた〟と思います。もうどんな問題を出されても〝金ピカ・銀ピカのものは電気をよく通す〟と予想できると思うからです。科学って、このように心の底から納得できるようにできていることを知ってすごいなーと思いました」（中山智代）

◆「僕は〝自由電子〟と契約しちゃいます。このような授業だと頭の中にイメージが残るからこれからも金ピカ銀ピカのものをどこかで見たとき〝あっ、これは自由電子だ。電気をよく流すだろう〟と考えちゃいそうです」（田畑正宏）

ところで、40年前には〝教材は自分で作るもの〟などと気負っていた僕が、〝他人が作った授業書〟に従ってみたら子どもたちの支持が急上昇。教師としてのシアワセ度も急上昇。

それ以来僕は仮説実験授業に首ったけなんだよなー。契約してよかったなー！

（小原茂巳）

20 おもしろくないことは勉強しない能力

世間で今おこなわれている「学力低下議論」は私と全然違います。私も学力低下は気になります。普通の議論は、〈できない子〉のことでしょ。ぼくが気になるのは〈エリート〉の学力低下です。こんな教育をつづけていたら、日本の社会は大変です。教育学者はよく「子どもたちは勉強する習慣がない」と言ったりします。そして、「昔はあった」かのようなことを言います。学習する習慣は、昔からないですよ。

私個人でいえば、小学校から中学校2年生までは一切、家庭で勉強したことはありません。ときどき宿題を出す悪い先生もいましたから、やっつけ仕事でやったこともあります。宿題どころか、私は試験勉強さえしませんでした。〈試験勉強するのは悪い子だ〉と思っていました。そのせいか、受かると思っていた中学校を受験して落っこちてしまいました。それを反省すればいいのに、その後も勉強せずにいました。あるとき、クラスの連中が「試験勉強」というズルイことをしていることを発見して、ぼくも試験勉強しました。でも、ふだんは勉強しませんでした。それでよかったと思うんです。

教育学者とか経済学者、評論家といわれる人たちは、小さいときから勉強する習慣があったからいけないと思うんです。習慣があると、おもしろくないことまで勉強してしまいます。その結果、〈人の意見に合わせる〉ようになってしまうのです。

ぼくは大学の学生のときに「科学史しかしない」と決めて勉強しました。そのうちに科学史に自信をもつことができて、その考え方で他のことも勉強したんです。だから、ぼくの経済学についての理解、社会科学についての理解は自分で作ったものです。もちろんそのときには、ぼくが〈気になること、知りたいと思うことが書いてある本〉はないかとたくさんの本を買いました。でも、〈知りたいことがほとんど書いてない〉ことを発見して、仕方なく自分自身で作っていったんです。

いろんな知識人とか学者という人がダメになっています。ぼくが気になる学力問題というのは、「そういうダメな人たちを育てたくない」ということです。どうすればいいか。〈おもしろくないことは勉強しない能力〉をつけることです。今、若い人たちが携帯電話で楽しそうに話しているでしょ。あれ、勉強じゃないですか。以前は、「近頃の子どもはマンガしか読まない」といって大人が嘆いていました。少し前から、「最近の子どもはマンガも読まない。マンガくらい読んでほしい」といったりします。そのうちに、「今の子どもは携帯電話もしない。携帯電話でもして友だちと意見交換をしてほしい」ということにならないでしょうか。携帯電話は楽しいからやってるんでしょ。「いけない」と言ってもやるでしょう。学校の授業が、携帯電話に負けているだけです。原子分子の勉強をやったあとに、「モルQ」という原子カードでトランプすると、子どもたちは夢中です。それって遊びですか、勉強ですか。「遊び」と「勉強」を、どうしてそんなに区別するの？　みんな、予習や復習だけが勉強だと思っているでしょ。

〈楽しさ〉が一番――これが大前提です。習慣で勉強するなんて、楽しくも学びがいもない。習慣的にやっている人は、ほどほどに勉強することを覚えているから、本当に勉強することがあってもやりません。エリートたちがヘタな勉強をして、ぼくらに「ヘタな知識」が入っちゃったら大変ですよ。「進路の勉強をする」なんて、あれ、脅迫だね。将来を考えるより、今を楽しくやっていればいいじゃない。〈今がいま、楽しくない子どもがいる〉ことがかわいそうです。ぼくは、楽しさ最優先です。

楽しいことを教える、楽しく教えられないことは教えないことです。携帯電話で楽しんでいたり、それぞれの子が一生懸命やっているときに、教育者というのはおせっかいなんだ。ぼくのほうが少数派です。だから「アイツは変てこなことを言っている」といわれても結構です。しかし私は、〈30年後、50年後には勝てる〉という自信があります。

（板倉聖宣、二〇〇二年1月「楽しく学びがいのある授業は可能か――可能です」京都教育大学）

「科学者とあたま」

二〇〇二年1月に京都教育大学で「楽しくて学びがいのある授業は可能か」というテーマのシンポジウムが開かれました。板倉先生の基調講演のあと、他に4人の教育学者を交えてパネルディスカッション。板倉先生はきっぱり「可能です！」言い切った心地よさ。今回紹介したのはそのときの話です。

「子どもに勉強するクセをつけさせることが大切」と叫ぶ人が今もいるのか知りませんが、ぼくが小学校に勤めていた30年前にはいました。それが同僚なら、ぼくは冷たく無視。でも、あるときクラスの子のお母さんから電話がありました。「もっと宿題を出してほしいと、みんなが言っている」と。カチンときたぼくですが、愛想よく「宿題のことでぼくに不満をもっているという〈みなさん〉を集めてください」と応えました。それっきりでした。

ぼくの中に、板倉先生が話しているような「勉強の習慣や宿題についての哲学」があったわけではありません。ただ、ぼくが小・中学生の頃には宿題を出す先生にほとんど出会わなかったし、宿題を出すのも見るのも面倒だったからでしょう。「ぼくや犬塚さんは生活単元の学力低下世代なんだよ」と竹内三郎（仮説社）さん。だとしたら、威張りはしないけど「学力低下世代バンザイ！」と叫びたい気はします。

20代の終わり頃、板倉先生から「科学者とあたま」という寺田寅彦のエッセイのコピーが届きました。「頼りない犬塚に自信をもってほしい」という気持ちから送ってくれたのでしょう。その一部を、当時書いていた「実践的課題を持たぬ教育学者批判覚え書き」(『教師6年プラス1年』仮説社)に紹介しました。

「頭のいい人は批評家に適するが、行為の人にはなりにくい。行為には危険が伴うからである。けがを恐れる人は大工にはなれない。失敗をこわがる人は科学者にはなれない」(全文は『知恵と工夫の物語』仮説社)

失敗しながら、楽しく今年もいきましょう!

(犬塚清和)

「恩師」のことば

35年前。教師になったばかりの僕は、理科の授業がうまくできなくて、藁をもつかむ思いで仮説実験授業を始めました。そんな僕の授業について土橋武君(当時中1)はこんな風に書いてくれました。

「小原先生はぼくらに〝たのしい授業があるんだ〟ということを教えてくれるためにバラバラ星から突然やってきた。〔略〕

たった一時間なのにたのしい冒険にしてくれる。そして、コロンブスやガリレオになった気分にしてくれる。勉強がこんなにたのしいなんて。

〔略〕普通の勉強はたのしくないのにテストをやる。はじめからたのしい勉強をすればテストを目の前にしても忘れずにできるはずだ。
　暗記だらけの勉強より勇気を与えてくれる勉強が好きだ。みんなに〝勉強しないやつだ〟と思われても、ぼくは必要なこと以外やらないだけだ。〔略〕本当のものを教えてくれる人、小原先生に会えて本当によかった」

　土橋君は家庭的にも恵まれず、勉強は大の苦手。もちろん勉強の習慣なんかありません。成績はどの教科も最低評価でした。ところが、彼はその後〈やりたい勉強〉のみを夢中になってやるようになりました。数学で「三角形の内角の和は180度」と習った後、ノートにものすごくたくさんの三角形を書いて、その全てが180度だったことをうれしそうに報告しに来ました。「ビートルズの詞の訳」「作詩」などにも夢中になっていたなー（詳しくは、小原『授業を楽しむ子どもたち』仮説社）。土橋君は僕に「教師の生きがい」というものを教えてくれた恩師なのです。

　ところで、その後、僕は教師生活を中学（と大学）で35年間やってきているのですが、〈勉強の習慣がなくても授業で自らのスバラシサを発見し、自信と意欲を持って好きな勉強をし始める生徒・大学生たち〉にいっぱい出会えているのです。これこそ教師冥利。そんなシアワセを僕と子ども（学生）たちに与えてくれる仮説実験授業に感謝です。

　今年も、あなたの「良き出会い」の物語をぜひ聞かせてください！

（小原茂巳）

21

科学的教育学の成立

「教育学の伝統がきちんとあって、それを少し変えると新しい芽を出すことができる」ということでぼくは仮説実験授業を研究しているわけではありません。それはどういうことか。それは「学問的な遺産とその継承」とか「模倣と創造」とかにかかわることです。

たとえば、中世というのは「暗黒時代」といわれる停滞社会でした。それが、13世紀頃に農業革命が起こったらしくて、食料が増えて人口が増えます。この時代に世界で一番人口が多かったのは、中国を除けばフランスです。その次がイタリアです。人口が増えるとどうなるか。「食」が足りれば、次は「衣」です。この時代は、木綿ではなくて羊毛です。羊毛はイタリアでたくさんとれるわけじゃなくて、「羊毛工業」が進みます。貿易が盛んになります。そういう産業基盤の上に芸術の革命が起こります。

歴史の上で「1つのナゾ」といわれていることに、「ルネサンスの芸術は13世紀で、なぜ近代科学の誕生は17世紀なのか」という問題があります。じつは、「近代科学は17世紀にはじまった」というけれども、ルネサンスのときに、芸術と共にある種の学問も活発だったのです。ただ、学問の場合は〈蓄積〉が特に問題になります。芸術の場合だって蓄積は大切ですが、学問のほうがずっと蓄積が大事で、17世紀になってパッと花開いたのです。

日本ではルネサンスの頃は鎌倉時代で、「宋学」という学問が中国から少しずつ入って来ましたが、学問としてはっきりするのはやはり17世紀です。江戸時代に「朱子学」として花開くわけです。江戸時代の学問の発展を「蘭学」の面から見ると、その発展は江戸後半だけれども、日本的な学問がきちんと作られたのは17世紀、江戸時代の前半です。でも、それは少し〈へなちょこの学問〉でした。日本の学問と〈近代科学〉と何が違うかというと、近代科学は13世紀の遺産を引き継ぎ、さらに古代ギリシャの遺産を引き継いでいます。この「古代ギリシャの遺産」が決定的に大きいのです。

13世紀ごろのイタリアルネサンスというと、何かすごく華々しくて〈独創文化〉という響きがあるかもしれません。しかし、その時代に人びとは「ルネサンス」と呼んで、「創造文化」とはいいませんでした。文化の再生、つまり模倣文化です。新しい文化がはじまるときは、すべて〈模倣〉からはじまります。いや、〈模倣に対する抵抗〉からはじまります。新しいものがどんどん入ってくることに対して、「そんなものを模倣してはいかん」という抵抗が起こります。

近代文化というのは、つねに〈模倣と創造の矛盾〉があります。そういうことをぼくは知っているから、〈模倣〉についての議論が他の人と違ってくるわけです。だから、仮説実験授業という新しい教育文化、たとえば〈授業書〉というものの評価もほかの人とは違ってくるわけです。模倣に徹することによって、その模倣性を越えるわけです。その中で、ダ・ビンチとかミケランジェロという人が現れてきます。これは、何もその社会から芸術だけが分離しているのではなく、〈芸術があり、学問があり、農業があり、商業があり、政治がある〉という形で、それが一緒になって〈自由な文化〉を創るのです。

それなら、仮説実験授業はルネサンスなのかというと、それよりももっと上です。「近代教育学を作った」といわれるコメニウスですが、その〈近代教育学〉というのは〈近代力学〉と対比できるようなものかというと、全然そんなことはありません。コメニウスは科学史上の誰にあたるかというと、すごく褒めてアリストテレスです。素人教育論を体系化した。では、教育学の歴史の中でダ・ビンチに相当する人は誰かというと、デューイだといわれています。「子どもが大事」というのを非常に強調したからです。それなら、その次に来るのは誰か。

近代天文学はコペルニクスとかケプラーが軌道を敷き、近代力学はガリレオとかニュートンが敷き、近代化学はラボアジェが敷きました。そういう形で、近代教育学ができなくちゃいけない。今は現代だから「近代」というのはおかしいかもしれませんが、仮説実験授業はそれにあたるものです。

（板倉聖宣、一九八五年12月、「板倉式発想法の会」愛知）

再び「ぼくたちのルネサンス」

「研究会のルネサンス」という話を聞いたときに、ぼくの頭に浮かんだのが「仮説実験授業研究運動の展開」という一九六六年の板倉論文でした。こう書かれています。

> 仮説実験授業は、科学教育研究運動としては、まずもって「授業書」運動として成立するわけであり、だれでもできる授業プランの作成運動としての意義を持つものである。この意味では、科学教育研究運動＝仮説実験授業研究運動とするよりも、＝「授業書」作成運動として考えたほうがよいであろう。(『科学と仮説』季節社、一九七一年)

二〇一一年末に「西尾仮説サークル40年の会」がありました。そのとき板倉先生にいただいたメッセージを紹介します。

「西尾仮説サークル40周年おめでとうございます。仮説実験授業の独自な教育文化を築きあげた西尾サークルの皆さん、ご苦労さまでした。若さを誇った西尾サークルも、創立メンバーが次つぎと定年退職の年を迎えていますが、年齢的にはいかに老年化しようとも、新しい元気のありどころを見つけて、さらに発展するのではないかと、楽しみにしています」

――そうか、ぼくらが「新しい元気のありどころ」を授業書作成で見いだすことを楽しみに板倉先生はメッセージをくれたのかも知れない。背筋の伸びる思いがしました。

（犬塚清和）

「偶然の幸運」から必然へ

「人間、誰でもみんなイイ所を持っている」などと言われるけれど、〈自分のスバラシサを発見する〉なんて、そう簡単にできることではないでしょう。ところが、仮説実験授業はその稀有であるはずのチャンスに満ちているのです。

「（うちの子は）何もできなくて…〔略〕だけど…今は学校に行くのがたのしくてたのしくてしょうがないんですよね。とうとう、うちの子もイイ所が出てきたなと思います。何かひとつぐらいはイイ所がいつか出てくるんじゃないかなと思ってたんですけど、この授業でみつけていただきました」

これはドキュメンタリーＤＶＤ『たのしい授業／自由電子が見えたなら』（スタジオ・オズ、仮説社扱）の中のあるお母さんの言葉です。

岡田君（中1）は普段まったく目立たない存在なのですが、仮説実験授業のときだけは〈思わず身を乗り出して〉という感じで授業に参加してきたのです。この作品の監督、楠木徳男さんは授業で活躍する岡田君に感動して、授業後、わざわざ岡田家を訪ねてお母さんにインタビューしたのでした。

僕はこの35年間、「岡田君のように仮説実験授業がキッカケでパッと花開いたように、自分のスバラシサを発見し、自信と意欲を持ち始めた子どもたち」「自らの中にルネッサンスを体現したような子どもたち」を毎年、何人も見てきました。これ、偶然とは考えられません。

授業書の内容に引きこまれた子どもたちは、感動のままに、それまでとはまるで違った姿を見せたりします。でも、「授業書の内容」だけでなく〈指名されないのでリラックスできる〉とか〈友だちの発言を聞いて頭が働くようになった〉〈討論で人を説得する面白さを知った〉なんていう子もいます。つまり、仮説実験授業には〈自分のスバラシサを発見する入口〉がたくさんあるのです。

僕自身、「あー、俺、この子どもたちが輝けるお手伝いができるんだー」などと自分のことを愛おしく、誇らしく思えるようになりました。こういう状態も、きっと、偶然の成り行きじゃないですね。

（小原茂巳）

22

絶対的自己賞賛

「幸福論についての話を……」という要望がありますが、「幸福論」というとみなさんはどうイメージするのかしないのか、よくわかりません。「人生論」というのもよくわからないけど、こちらのほうが普通に通用するのかもしれません。

人生をどう生きるか。ある人はキリスト教的な人生論であったり、仏教であったり、無宗教の人もいます。「宗教的人生観」というのは、神様がいて〈神様の示すものとして自分の道徳や生き方がある〉わけです。それなら「無神論」、神様がいないとなるとどうなるのか。「自分の律し方がないではないか」ということにもなります。

無神論は、神様のかわりに「人間」をおきます。ヒューマニズムです。キュリー夫人の旦那のピエール・キュリーのお父さんは医者で、パリ・コミューンのときに革命派を応援した人です。お父さんがそういう人だから、息子に洗礼を受けさせていません。だから、ピエール・キュリーは無神論です。こういう人はヨーロッパの科学者でもあまりいません。

人間というのは贅沢なもので、「その場その場でズル賢く生きていく」というような形では、自分が満足できない。美的な感じがしないといやだし、自分自身の生き方を見て、自分自身で「美しい／醜くない」という生き方をしたいと願うものらしい。自分自身の行為をもって、〈自分自身の生き方がそれなりに自分の美的センスから外れない〉ということが大事であるようです。

この〈美的センス〉というのは、何で決まるのでしょうか。ぼくが「美」などというとちょっと恥ずかしいんだけれども、「清く、正しく」なんていうとまたイヤな感じだし、やっぱり「美」としかいいようがない気がします。それなら「美しく生きる」というときの、その〈美しさ〉というのは一体どこで決まるのでしょうか。

人間は、自分の中にいる「自分を超越した存在」というものを考えることができます。それはぼくの中にいる、「ぼくのつくった僕」です。つまり、自分の中に「神」をつくるのではなしに、「もう一人の自分」をつくればいいのではないか。ようするに、その場その場でフラフラしている自分ではなくて、もっと安定性のある「美的基準」を決めるのです。それを座標にして、自分自身が〈少しでも美的でありたい〉と思って生きていくことです。

こういうことを言うと、「それは個人宗教だ」という人がいるけれども、そうではなくて、そもそも他の宗教がでっち上げなんだ。自分が作ったもので自分を支配するのはいいけれども、宗教というのは他人に対しても絶対であるかのごとく言って、他人までも支配しようとするから、それがぼくは嫌いなんだ。ぼくは高等学校の2年生のときに、そういう〈自分の中にいるもう一人の自分〉みたいなことを「絶対自己」と表現しました。いろんな本を読んで、そう表現するのが一番いいだろうと思ったのです。

この「絶対自己的自己賞賛」というもっとも最高の価値基準――そういう安定した〈自分にとっては絶対的〉と感じられるものから自分を見て、「自分をほめてくれるように自分自身が動くことが最高の美なのである」というのが、ぼくの倫理学の変わらぬ基礎になっています。これは相当深く考えたものだったからか、いくらたってもそこから進歩していません。いや、その後はそんなことを考えているヒマがないために、その後も高等学校の学生のときに一生懸命に考えたことをもとにしているような気もしないではありません。

自分が今生きている範囲内でのことではなくて、もっと長い視野でもって自分を見つめるわけです。そういう〈絶対的な自分〉に自分が「ほめられたい」とか「美的でありたい」というような生き方をしようとすれば、どうしても〈出世のために何かやればいい〉という感じではなくなってしまいます。「死んだあと、家族はどうなるんだろうか」なんてことも考えません。「生きてるときにちゃんとやればいい」ということです。

（板倉聖宣、一九八七年2月、「板倉式発想法（カルタ）の会」熱海。『幸福論と年譜』つばさ書房）

人生は
一本の道でしか歩めない

「私はずっと道徳主義者だった。陸軍幼年学校時代や中学時代には、その道徳の基準は外から与えられたものだった。ところが、敗戦後の混乱期という現実もあって、哲学書を読んでいるうちに、その価値基準がガタガタになってきたのだ。私は善の基準を考え直さざるを得なかった」（板倉聖宣『私の生い立ちと今の私』キリン館）

その〈混乱期〉に書かれたのが『幸福論』です。

ぼくは板倉先生の12歳下です。ぼくの子ども時代、まだ大人（親や先生）たちに「価値基準」の混乱があったに違いありません。その混乱が結果的には「多様性」につながって、〈自由でいい時代〉だったと思います。

この3月に卒業する千人ほどの高校生に、ぼくはこんなメッセージを書きました。

＊

――大子《だいご》本校・豊田本校の卒業生のみなさん、卒業おめでとうございます。みんなと「同じ時間」を生きていることに感謝します。

スクーリングの授業のとき、「もうすぐ70歳になるのに、どうしてそんなに元気なの。授業をする校長っていないでしょ」とか「死んだジイちゃんに似てる。一緒にシャメ撮ろうよ。バアちゃんに見せたら喜ぶから」なんてたわいもない会話が、ぼくに元気をくれます。あなたたちと〈繋がっている〉と思えるのがうれしい、幸せです。

ぼくの夢は、〈ルネサンス高校をもとに日本の今の学校教育を変革する〉ことです。この夢は、みなさんたちが「夢をもって自分の人生を歩んでくれる」ことで実現されます。人生は一本の道です。その道を決めるのはあなたです。人生の傍観者にはならないで、自分の「笑顔のスクリーン」に向かって歩いていってください。

♪自信なくさないで／少し戻るだけ／君をなくさないで／きっと大丈夫
（「ダイジョウブ」作詞：小田和正）

明日も元気でね！

（犬塚清和）

「他人の笑顔」が快感のもと

1コマ90分の講義は長い。山路敏英さんも僕もすでに中学教師を定年退職しているのだから、講義が3コマも続くと、「ふぅー、グッタリだね」とつぶやき合う。でも、その後に必ず「でも、僕たちはシアワセだねー。だって、今でも授業ができるんだものねー」という言葉が出てきます。

授業がシアワセのもと。それは、授業後の感想文に多くの学生たちが「今日の授業もたのしかった」「学ぶことがたくさんあってうれしいです」などと書いてくれるからです。ときには女子大生に「先生、大好き！」「先生、かわいい！」などと言ってもらってニンマリしている僕たちなのです。

ところで、「衣食足りれば他人の笑顔」という板倉聖宣さんの言葉があります。「物質的な喜びはある程度保証されれば、それ以上食べたり着たりしてもあまり楽しくありません。それよりも、他人に喜ばれたほうが楽しくなるのです」(『発想法かるた』仮説社)。

僕が「他人の笑顔に出会える快感」をしみじみと味わえるようになったのは、仮説実験授業をするようになってからのことです。それまでは、「何の〈特技〉もないこの僕が、他人に喜んでもらえることなんて、できるはずがない!」と思っていたのです。

でも授業書で授業をやったら、なんと、子どもたちの笑顔にいっぱい出会えちゃった! ツッパリ君にも優等生さんにも、中学生にも大学生にも。今では、教員免許更新講習を渋い顔で受講する先生たちにも喜んでもらえる自信あり! 「授業書を知っている」というのは、たいていの〈特技〉よりすごいことなんですね。こうなると、「人に喜んでもらえる授業の快感」をさらに求めずにはいられなくなります。まったく、ヤメラレナイ・トマラナイ!

(小原茂巳)

23 「ないものがある」という認識

最近、『古今和歌集』などというものに興味をもっています。ぼくがこれを、「こきんわかしゅう」と読めるのは大したものです。ぼくが大学受験をしたのは戦争直後です。日本文学の古典は戦争中の教育としては大事だったんだけど、ぼくは完全に理科系の人間で、一切読んでいません。その後、〈歴史を知らないと社会のことがわからなくなる〉というので歴史を勉強し、古典なんかもちょっとだけ勉強して、作品名だけ読めるような感じです。『古今和歌集』に限らずなぜ日本文学の古典のことが気になるかというと、ぼくが前から気にしている「ゼロの発見」の歴史と関係します。

たとえば、英語で「I am a boy.」と書くでしょ。英語では、文末にピリオドをつけるのが決定的に大事です。ぼくが中学1年生のときに、同級生が英語の試験でピリオドを打つのを忘れて不合格になり、退学しました。そんなこともあって、以前から私は「言語における句読点の歴史」

が気になっていました。昔の文章には、ギリシャ語でも何語でも句読点がなかった。じつは、『古今和歌集』にも句読点がありません。日本語に句読点が入り始めたのはいつ頃かというと、江戸時代です。古い文書に句読点がないのは、日本語だけでなくて国際的です。

それなら、句読点はいつできたのでしょうか。なぜ長い間発明されなかったのでしょうか。句読点みたいなものが一番初めに発明されたのは、楽譜かもしれません。楽譜には「休止符」というのがあります。これはかなり早くからあったんじゃないかと思いますが、まだ確認していません。句読点の発明が難しいのは、発音をしないし、意味がないからです。〈休む〉という行為はあるけど、音はない。意味はないけど、〈休む〉という行為はある。つまり、句読点というのは、「ないものがある」という認識です。「無がある」という認識はとても難しいのです。ぼくが「年表」を書くときに、何もない年はそのまま空白の年にしておくけれども、多くの人はつめて書きます。

「無がある」ということを最初に発見したのは、紀元前2～3世紀頃のギリシャの原子論者です。数学における「ゼロ」――「0」という記号を作るのは大変だった。これを最初に作ったのはインド人ですが、どうしてインド人が考え出すことができたのか。「ギリシャの原子論がインドに伝わって0記号ができた」というのがぼくの仮説です。古代ギリシャ人の中でも、アリストテレス学派の人は「ないものがあるはずがない」というので、原子論に反対でした。それがインド人にできたのは、インド人自らが発明したというよりも〈古代ギリシャ人の原子論がインドに渡った〉と考えたほうが早いし、この考えは強引ではありません。

アレクサンダー大王がインドまで攻めていって、途中の国々にギリシャ語を広めます。エジプトのクレオパトラがギリシャ人であるように、アフガニスタンにもギリシャの王朝がありました。それが百年、二百年と続いています。古代ギリシャの美術はインドまで伝えられているでしょ。仏教に「仏像」ができたのは、ギリシャ彫刻をマネて造られたからです。

釈迦は古代ギリシャの原子論者たちよりも少し前の時代ではないかと思いますが、その後まもなく原子論がインドに渡ります。そして、仏教の教義の中に「空」という概念ができます。つまり、「〈ない〉というものが大事だ。それが悟りだ」と。「色即是空《しきぞくぜくう》」とかいうものが仏教思想の中でも大きくなっていく。仏教思想の中で「空が大事だ」ということになれば、数学的なものにも「空が大事」ということが入りやすくなるでしょ。

「ゼロ」という概念がわかれば、それが影響するところが大きい。だからぼくは、〈いろんなところでゼロの概念を入れよう。この概念を普及させよう〉としているんだけど、その手始めとして「句読点の歴史」をやろうというわけです。「句読点の歴史」は、言葉の問題だけではなくていろいろなことに影響があるのだから、きちんと教育の問題として考えていきたいと思います。

（板倉聖宣、二〇〇七年1月、「板倉式発想法講座」東京。『板倉聖宣と発想法講座③』）

「ゼロと1の間」を楽しむ

「ゼロの概念」についてはこれまでにも板倉先生から聞いていましたが、最近出たガリ本『板倉聖宣と発想法講座③』（舘光一編集）を見ていて、とくに気に入ったのがこの「句読点の発見」にまつわる話でした。「インド人による0記号の発明」「仏教の教養なども古代ギリシャの原子論が元になっている」という板倉仮説は新鮮でした。

0歳児の赤ちゃん。ちゃんと姿が見えているのに「0歳」なんておかしい。この世に出現したのだから「1歳」ではないのか。「0歳」という呼び方をするようになったのはいつからなのだろうかと、た

わいのないことを頭に浮かべています。白黒をはっきりさせるより、灰色がかった透明感が好きなぼくです。

仮説実験授業が生まれて50年近くになります。日本に仮説実験授業＝たのしい科学の授業があることは歴然とした事実。『たのしい授業』の読者の間ではかなり知られているとしても、他の先生の何パーセントがこの事実を知っているでしょうか。「教師に〈勉強しない権利〉はありません。仮説実験授業を知らないなら仕方ありません。知っていてやらないのは認めません。子どもたちのために認めません」と、25年前の板倉先生の声がぼくの耳の中で響きます。

新学期、あなたは何の授業書でスタートしますか。「やる」か「やらない」か、道は一つ。時は待ってくれない。

（犬塚清和）

ゼロからのスタート

何もないところからスタートするって、ドキドキするけれど、たのしみもたくさんあります。

10年前、明星大学の鯨井先生から「〈理科教育〉の講義をやってもらえませんか」とお誘いいただいたとき、僕は「はい、やってみたいです」と即答しました。でも、じつは当時中学教師だった僕は「大学での〈理科教育〉とはどういうものなのか」「フツーの大学の教授たちは、何を教えているのか」などについてほとんど知りませんでした。いや、中学の理科の知識だって、あまり自信があったわけではないのです。それなのに、よくもまぁ大学での仕事を引き受けたものです。

じつは、僕はその後も「フツーの〈理科教育〉」については、あえて学ぼうともしませんでした。僕や多くの子どもたちを「理科嫌い」にした（し続けている）今までの〈理科教育〉なんて、参考にしたくなかったのです。

「こうすればいい」という知識や技術があったわけではありません。でも、一歩足を前に踏み出すその方向はイメージすることができていました。理科嫌いだったこの僕に〈科学を学ぶたのしさと教える喜び〉を実感させてくれたのが仮説実験授業です。だから僕は「仮説実験授業の考え方とその方法」を学生たちに伝えられればいいのだ――そう思ったのでした。

さっそく〈理科教育〉〈初等理科教育法〉それぞれ15回分の講義プランを立ててみました。それを実際に授業にかけて、すぐに「たのしかったか」「学び甲斐があったか」の評価をしてもらいました。この作業は、たのしいけれど逃げたくもなるほど刺激的でした。シアワセなことに概ねどのプランも大学生に好評でしたが、これは〈理科教育〉の伝統に頼ることなく（僕の学力不足も幸いして）、ゼロからスタートしたことがよかったのだと思っています。

いよいよこの4月から理科教育関係の教科が7科目になります。

さて、どんなプランだと学生たちに喜んでもらえるかな？　今、同僚の山路敏英さんと授業書を眺めながら、夢中になって作業中です。　（小原茂巳）

〔追記〕

僕たちの講義プランはとても好評でした。それはとてもうれしいことだったのですが、そうなると、「僕たちの授業を受けることができない人たち」のことが気になりました。通信制の学生さんとかヨソの大学の学生さんとか、そして多くの教員養成系の大学の先生たちのことも、です。

仮説実験授業の誕生は教育の科学における「0の発見」みたいなものだとも思うので、ぜひ多くの人に知ってほしいです。それで、よけいなお世話といわれそうですが、「僕の講義を直接受けられない人」を念頭において、僕の講義の概要をまとめてみました。それが『未来の先生たちへ』（二〇〇七年、仮説社）です。もしよかったら手にとってみてください。

24

楽しい授業を実現する基本的条件

楽しい授業を実現させる基本的な条件は、〈子どもと教師が主人公であるような教育を確保すること〉にあると私は思います。子どもと教師が主人公であるということは、いろいろなことで確保されなければいけません。たとえば、私どもは授業で子どもたちに「発言する権利」を認めます。と同時に「発言しない権利」も認めます。ところが日本では、「〜の権利」というと、その権利に対して全くマイナスの方の権利があるはずなのに、それを忘れてしまいます。「教育を受ける権利」に対して、「教育を受けない権利」もあるはずです。私は、〈現在の教育では、受ける権利よりも受けない権利の方が重要だ〉と思っています。

授業で子どもたちが「わかんない」と言ったら、わからないちゃんとした理由があるのです。だから、子どもたちを優先すれば「教材」なんていうものは決まっているわけではないのです。

ですから、教師が〈これを教えたい／教えられる〉と思うもの、子どもが〈これなら教わりたい／楽しそうだ／よくわかりそうだ〉と思うようなもの、そういう教材だけで教えるしかないのです。みなさんは、そういう教材をどのくらいもっておられるでしょうか。そういう教材がないにもかかわらずやっているのは、公教育の秩序のために〈公権力を背景に教えている〉にすぎないのではないか。

にもかかわらず、「教材が多すぎてちゃんと教えられない」と言ったりします。そして、「教材の精選」なんていうスローガンが声高らかに叫ばれたりしますが、あれは間違いだと、私は思います。押しつけられた教材を「教材」と呼ぶなら、たくさんあります。そんなのは教材じゃない。だから私どもは「教材を精選する」とは考えないで、〈教材を積み上げる〉と考えます。私たちが確かに教えることができるし、子どもたちが教わって楽しいといえるような教材はまだ少ないのです。私どもはこれまで、理科の教材について一つ一つ、文部省（現・文部科学省）の指導要領とか教科書とかに教材としてあったとか無かったとかということを基準にして教材を精選するのではなしに、〈これなら子どもたちが楽しく勉強できる。私たち自身が本当に納得いくような教材〉を積み上げてきました。

私どもは、〈教材を積み上げていく〉ということが原則です。ですから、カリキュラムも作りません。「カリキュラム」というのは、〈公権力の押しつけ根性〉の考え方からできたものだと私は思います。だから、ふつうに言うカリキュラムなんてものは作らないで、先生たち一人ひとりが〈自分自身のカリキュラム〉を作って、それによって教えていくことです。そうすると、小学校5年生の先生ならば、理科の授業時間はこれだけある。教科書でこれだけ教えることになっているけれども、その教材とは無関係に「オレがちゃんと教えられるのは《ばねと力》だけだ」と思えば、これだけあるんです（図1の黒い部分）。本当に教えられることはここだけで、あとは失業です。でも、幸いにして検定教科書というものがあります。その部分は〈月給がほしいから教える〉という形で展開していく。そのうちにだんだんと、ちゃんとしたことが教えられるレパートリーが増えていきます（図2の黒い部分）。

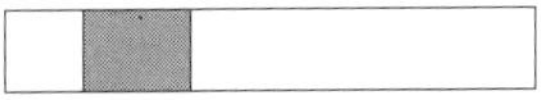

〔図1〕

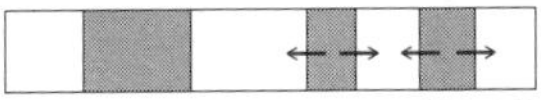

〔図2〕

　そうすると今度は、「教科書に戻るのはイヤだ」と子どもたちは言います。つまり、授業内容の選択権は教師にあると思われているけれども、必ずしもそうではないのです。そして、ちゃんとした授業をやれば、教材の選択権は子どもにまで戻るんです。だから、「オレはこれを教えたい」と思ったら、やっちゃえばいい。どうせ今までだっていいかげんにやってたんだからね。「新しい指導要領になってもいいかげんにやればいいんだ」と考えてる間は、教材の編成権が文部省にあるのは当たり前です。それは、教師が楽しい授業をやっていないからです。

（板倉聖宣、一九七四年8月、「楽しい授業への招待」四国数教協・徳島）

「ありがとう」を実現する条件

二〇一一年10月に開校したルネサンス豊田高校では、翌年4月に初めての入学式が行われました（スクーリングの授業は、開校と同時に太子のルネサンス高校から転校してきた生徒たちにしていました）。

4月から牛山尚也さんと板倉正典さんが新たにスタッフに加わり、飯田研二さんと長坂正博さんと、仮説実験授業の会員が5人になりました。とはいえ、もちろんのことですが〈仮説実験授業だけをする学校〉ではありません。それだけに、今回紹介した板倉先生の話は、ぼくにとって「ルネサンス高校にかかわる全スタッフへのメッセージ」でした。

入学式や卒業式での挨拶はとくに苦手なぼくですが、立場上逃げるわけにはいきません。当日うまく話せたためしがないのですが、それでも前の晩にパソコンに向かいました。

――「この世の中で一番美しい言葉は何か」と聞かれたら、みなさんはどんな言葉を思い浮かべますか。それは、「ありがとう」という言葉だとぼくは思います。この高校を選んできてくれたみなさんたちを、そんな気持ちで迎え続けていきます。

おととい（4月11日）の『中日新聞』に、「ありがとうの行き先」（大越　桂）という詩が紹介されていました。（ごく一部ですが紹介します）

ありがとうの行き先は／ありがとうが　旅をして／必ずここにもどるとき／みんなと一緒の幸せがある／ありがとうに　ありがとう

大越　桂

「ありがとう」を口に出せば、それが旅をして、自分に返ってきます。「自分の主人公」は自分です。やりたいことが見つかったら、思い切りやってください。主人公であることは、自分で責任を負うことですから、大変なことのようにも思えますが、楽しいことです。

この高校が〈生徒が主人公である学校〉に、先生たちみんなで作り上げていきます。――

式の前、在校生の一人の女の子に「先生、話は短くね！」って言われ、「大丈夫、それには自信がある」と答えたぼくでした。

（犬塚清和）

子どもと教師の笑顔のモト

新年度がスタート。僕の授業を受けた学生たちの多くが、感想文にさっそく「先生の授業、楽しい」「これからが楽しみ！」と書いてきてくれました。僕はシアワセ！

こういう「シアワセな教師」になる条件は、とても簡単です。それは、子ども（学生）たちに「楽しい」「これなら学び甲斐がある」と思ってもらえる教材を用意すればいいのです。そういう教材は、ありふれてはいないのですが、仮説実験授業の授業書をはじめ、今では『たのしい授業』の周辺にはいくつもあるわけです。

ところで、明星大学で僕が担当する科目が毎年増え続け、ついに8科目になりました。「理科（教育）」「初等理科教育法」「初等理科指導法研究1・2」「理科教育法1・2・3・4」で、これらの科目は通信教育でも受け持ちます。そうそう、「教員免許更新講習」もあったなー。あ～っ、俺の体力、大丈夫か～？そして知力も…（笑）。

不安を覚えつつも、この状況を「チャンス！」とも思っています。それは、「科学を学ぶ／教える喜び」を伝える機会が増えるからです。学生たちはやがて教師になり、今度はそれぞれが目の前の子どもたちに「たのしい授業＝仮説実験授業」をプレゼントしてくれることでしょう。子どもたちと若い教師に笑顔がぱぁ～っと拡がる「そのとき」を想像すると、今からうれしくなってしまいます。

一方、今や同僚となった石塚進さんと山路敏英さんが、これまたいつも笑顔でエネルギッシュ。この二人、すでに中学教師を定年退職した仮説実験授業の大ベテランです。「どうしてそんなに元気なの？」とたずねると、「だって、楽しいんだもの」「学生たちが授業を歓迎してくれるので、つい夢中になって」と答えてくれました。本物の〈たのしい授業〉は、子どもだけでなく若い教師やシニアの〈生き甲斐〉をも保障してくれる！

メールを開いたら、卒業生の磯村美紅さんから写真添付のメールが届いていました。「見て！　小学3年生とたのしくやっていまーす」。子どもたちに囲まれた写真の彼女は笑顔いっぱいでした。

（小原茂巳）

25

仮説実験授業とは何か

《ばねと力》は、私が作成した授業書の中でも最も印象に残るものです。『仮説実験授業―授業書〈ばねと力〉によるその具体化』（仮説社）という本は、国立教育研究所の公式な発表物である「紀要」に書いたものです。仮説実験授業を提唱したときから、「仮説実験授業」というのは普通の人には何がなんだかわからない名称でした。最初は「予想検証学習」とか「予想実験学習」というような名称にしようという思いが一カ月くらい続きましたが、結局やめました。〈わかりやすいとむしろ誤解を招く〉ということで「仮説実験授業」で通しました。それでよかったと思います。今では「仮説実験授業という命名がすごい」といってくれる人もいます。

私はよく言うのですが、授業書というのは従来の科学を変えなければ作れません。《ばねと力》は特に変えています。

私は反骨精神が旺盛すぎることを自覚していますので、「今までのものとは違うものを作るのが私自身の願いで、わざとこれまでの教育とは変えているのかもしれない」と思ったりもします。あるいは、私自身はやる気がおきないけれども「これまでの教科書に出ているような内容を問題・予想・討論・実験という形に変えればけっこういい授業書ができるかもしれない」と思わないでもないわけです。でも、どうもそういうことではない。そういうことではうまくいかないらしい。

《ばねと力》の中に「物質のばねモデル」というのがあります。これは私がはじめて導入したものです。他の本にはないはずです。少なくとも日本では、明治のはじめから今日までの力学の教科書にはありません。私は科学史家ですから、もしかすると「ばねモデル」のようなものをガリレオの時代に考えた人がいたかもしれないと気になっていますが、今のところまだ見つかっていません。ただ、外国人で私と考えが同じ人が見つかりました。『構造の世界』（丸善）という本を書いている英国の大学教授（J.E.ゴードン、一九一三〜九八）です。この人の考えは、私の《ばねと力》と展開がすごく似ています。「ばねモデル」という言葉は使っていませんが、〈基本的な枠組みは同じ〉といってもいいくらいです。そういうわけで、《ばねと力》の授業書は英国に友人を持っていることになります。

固体の原子・分子のばね

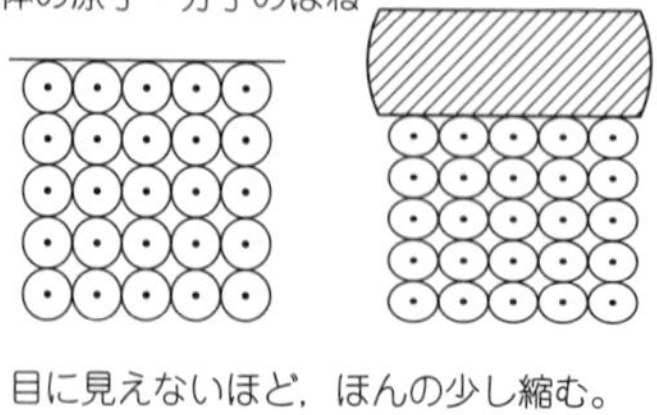

目に見えないほど，ほんの少し縮む。
縮み方は，上の物体の重さにほぼ比例する。

板倉聖宣／江沢洋『物理学入門』国土社 による

　力学であろうと何であろうと、いろんな新しい学説が生まれた当時は、もっとわかりやすい説明があったと思うんです。ところが、それをすでに理解した人が辞書的・物覚え的に整理すると、まだわかっていない人にはわかりにくくなります。概説書とか教科書というのはそういう性質をもっています。つまり、「わかった人が覚えやすいように書く」から、いちいち「ばねモデル」なんて書かない。力の概念がちゃんとできている人には、「これがばねだ」とかいう必要がないわけです。

いろいろなものについての認識の仕方で、〈本当にわかった状態〉と〈習熟している状態〉があります。専門家だけにわかればいいのだったら習熟させればいい。だけども、すべての人に納得してもらうためには、構造的に理解していないと教えることはできません。「教科書に書いてあることは間違いだ」という気はありませんが、わかっていない人にもわかるようになってはいない。ということは、〈納得できるはずのないことを、納得させることができるかのごとく教えている〉ということです。そうするとどういうことになるか。「おまえたちはバカだと認めろ」という教育をすることになります。今の教育に対する私の怒りはそこに発しています。

仮説実験授業ができた時期は、また〈押しつけの教育〉が始まった時期と重なっています。つまり仮説実験授業は、〈教育の普及・機会均等という美しい言葉とともにはじまった現象に対する答え〉なんです。……教育するのはいいことか悪いことかわかりません。仮説実験授業のようなものが出なければ悪いことだ、という思いが私の中にあります。

（板倉聖宣、二〇〇二年3月、「仮説実験授業セミナー」愛知）

迷いはヤル気の証拠

教育についてはいろいろの人が発言している。それを聞いてぼくが、「この人は教育についてよくわかっている／この人はまったくの素人」と判定する基準は何か。これはいつか板倉先生に聞いたことだと思うけど、「楽しい授業は簡単にできる」と思っているのが教育の素人、「それは難しいことだと知っている」のが教育の玄人。世の中、教育学者を含め、ほとんど素人ばかりだ。

「学びがいのある楽しい授業」をスクーリングの目標にしているものの、ぼくの中では「満足」とはいえない自己評価がつづいている。これは〈望みが高い〉からかもしれない。理想を掲げて妥協しながら、一歩ずつ理想に近づいていく〈自分の姿〉を自覚していたいと思う。

「授業ができる場」があるのはうれしいことだ。いろいろあっても、授業がはじまってしまうと元気になれるのは、授業が好きだからに違いない。こういう〈好み〉こそが〈仮説実験授業がぼくにくれた最高の贈り物〉だ。

ルネサンス高校の授業にかかわって5年目に入った。これまで「不思議な石、石灰石→温度と分子運動→原子とその分類→原子が壊れるとき」とやってきた。今年は「衝突」と「分子の詰まり方」をやると決めているが、まだどちらもスタートできていない。ゴーサインが出せない自分の決断力のなさに、少し苛立つ。

自信のある「不思議な石、石灰石」の授業でつないでいるのは、自分に甘えている証拠だ。『衝突の力学』（サイエンスシアターシリーズ、仮説社）を持ち歩いている。はやく授業をはじめないと、衝突の実験道具を提供してくれた人たちに申し訳ない。だから、ここで宣言してしまおう。

「この文章が目にふれる頃には、衝突の授業をしています」

「校長先生の理科の授業に期待しています」という生徒の声もうれしいけど、まず自分自身への期待に応えたい。それに、「はじめての《ばねと力》をします」とか「《花と実》をはじめました」という若い先生からのたよりに力づけられるぼくです。

そうだ、仮説実験授業をしよう！　（犬塚清和）

恐ろしいけど素晴らしい世界へ

僕の「理科教育」の最初の講義テーマは「科学新入門／教師新入門」です。『（科学新入門／上）大きすぎて見えない地球・小さすぎて見えない原子』（仮説社）の中の板倉先生の文章を紹介しながら授業をすすめています。

「教育というものはすばらしいものです。と同時にまた恐ろしいものでもあります。人びとは、教育によって多くのことを知り、新しい考えを身につけることができます。しかし、それと同時に自分自身でものを考える能力を失わせることにも

なりかねないのです」（前掲書19ページ）

この文章を紹介した後で、「みなさんの中で〝教育の恐ろしさ〟の例が思い浮かぶ人はいませんか。もしいたら、誰か答えてくれませんか」と尋ねてみました。

「〝この戦争は正しい〟と教育され、それを信じて、かつて日本人が戦争をしてしまったことです」「先生が間違ったことを教えると生徒がそれを信じ続けてしまうことです」「テストを受けて、いつも悪い点数ばかりだと自分が嫌いになってしまいます。これも教育の恐ろしさだと思います」。

次に突然、眠そうにしていた学生が「あっ、俺、授業が始まると反射的に眠くなるんだよなー。これも教育の恐ろしさかなー」とつぶやきました。教室にどっと笑いが起こりました。さらに続いて、「そういえば私、中学・高校とつまらない授業を受け続けてきて、理科が大嫌いになりました。これも教育の恐ろしさかも……」なんていう意見も出ました。こういうことを素直に言える大学生たち、僕は大好きです。

「〈科学再入門〉ではなく〈科学新入門〉としてあるのには、ちゃんとした理由があります。私の考えでは、〈これまでの大部分の学校の理科教育や科学の本は、断片的な知識ばかりつめこんでいて、本格的な科学のおもしろさについては教えてくれなかった。だから、たいていの人は科学の門の中に一度も案内されたことがないので、今度新しく入門してもらおう〉というつもりなのです」（同書7～8ページ）

僕の仕事は科学新入門の案内役。さぁー、いらっしゃい！

（小原茂巳）

26 「教育の多様性」の重要性

私たちは、いろいろな問題に予想を立てながら生きていくことによって、新しいことを発見できるようになります。生きる知恵を身につけることができるようになるのです。予想を立てなければ予想外のことを見出すことも出来ません。だからこそ、予想を立てながら生きることが大切なのです。

「予想を立てなければ予想外のことを見出すことが出来ない」といえば、最近私は、愛知の鈴木隆さんの「タンポポの種をまいてみたら」という授業記録を読んで、多くのことを教えられました。鈴木さんは、私が『科学的とはどういうことか』（仮説社）という本の中に書いた「タンポポのたねをまいてみませんか」という文章に触発されて、じっさいに子どもたちと一緒にタンポポのたねをまいてくださったのです。しかし、鈴木さんたちの実験によると、タンポポのたねはなかなか芽が出てくれませんでした。小木曽君のまいたセイヨウタンポポは発芽したが、それも数十個まいたうちの2本だけで、その後も数本発芽しただけです。また、クラブの子どもたちのまいたたねは2週間たっても発芽しないという有様でした。しかし、ある子どものまいたたねは十数本も発芽したというので工夫を重ねてやり直したが、それでもほとんど発芽しない。ところが、待ちきれずに水槽の中に棄てておいたたねが発芽したり、その後だいぶたってから発芽するものが出てきたりしたというのです。

鈴木さんとしてみれば期待はずれ予想はずれで、1カ月近くたってから発芽したものもあるというのです。しかし私は、あの本を書いたのちに、野生の植物のたねの発芽について興味ある話を聞いていたので、鈴木さんの実験結果は「予想通り」ということになり、とても嬉しかったのです。私が聞いていたのは、「野生種のたねと栽培種のたねとでは発芽のしかたが違う」という話です。「栽培種のたねはまいてから数日後に一斉に芽を出すが、野生種のたねはばらばらだ」という話です。

どうしてそんな違いがあるのでしょうか。それは少し考えてみると、素人にもわかります。まず、栽培種のたねは一斉に発芽して一斉に収穫できるようになっていないと、田畑の管理がうまくいきません。それでは、野生の植物の場合はどうでしょう。野生植物の場合、一斉に発芽するのとばらばらに発芽するのとでは、どっちが有利でしょうか。それは、明らかに、ばらばらのほうがいいのです。人間が栽培している植物なら、天候をよく見てたねをまいたり、一度発芽したたねが全滅しないように水をやったりします。しかし、野生の場合はそういきません。ですから、野生の植物は子孫が絶えないように、たねの性質を出来るだけ多様にしているはずです。

鈴木さんは、私の予想からすると、とてもすばらしい結果を報告してくれたのですが、鈴木さん自身はその結果を喜んではいないようです。タンポポのたねが一斉に芽を出すことを期待していたからです。予想が違うと、ものの見かたが大きく変わってくるわけです。それにしても、期待はずれの実験結果を詳しく報告してくれたからこそ、私たちは鈴木さんの実験結果から多くのものをまなびとることができたのです。

明治維新以来の日本の教育は、欧米諸国の成功を見習って画一的な教育をして効果をあげることができました。ひとの模倣をするときは先が見えるので、かなり画一的な教育をしたほうが大きな成果を上げることができます。しかし、今や日本は世界のトップ近くに立ち、未来の社会を自ら切り開かなければならなくなっています。もう、何でもどこかの国をまねて画一的な教育をしたほうがいいという時代は終わったのです。必ずしも先が見えない時代、予想が当たるとは限らない時代、創造性を要する時代には、多様性を重んじなければならないのです。野生の植物・タンポポの発芽実験はそういうことを教えてくれるという意味でも、私はとても興味深いのです。

（板倉聖宣、一九八五年「教育における〈予想〉の意味」『たのしい授業』11月号）

「先生の仕事」を見直す

タンポポといえば、「根の再生実験」をしたことはありますが、「種をまく」というのはしたことがありません。でも、この板倉先生の話は好きです。

「このクラスには大変な子がいて……」と、子どものことをぐちる先生が嫌いです。ぼくもぐちりたくなることはあります。そんなときには、この「タンポポの発芽実験」のことを思い出します。

誰もそうでしょうが、他人と比べて自分のことをとやかく言われるのはイヤなものです。〈比べる〉のはその人の自由だけど、それを言ってはおしまいです。保護者懇談会でぼくが苦手だったのが、まじめな顔で「うちの子の悪いところ、他の子と比べて遅れているところを教えてほしい」と迫ってくるお母さんです。そんなときは、「ぼくだってお母さんにだって、悪いところを探せばいくらでもありますよ」と笑って逃げていました。「先生は、うちの子のことをちゃんと見てくれていない」と不満だったことでしょうが、仕方ありません。学校の先生の中には〈悪いところや遅れていることを見つけて、それを親にも伝えることが使命だ〉と思っている人がいます。

ぼくは違います。そんなお節介はしません。子どもの「うれしい事実」や「ほほえましい姿」に出会いたいし、それを親に伝えていくことが教師、大人の使命だと考えています。ぼくが仮説実験授業が好きなのは、子どもたちのうれしい姿に出会える、うれしい自分に出会えるからです。

「人間は、科学によって、人によって意見の違うことのすばらしさを発見した」（板倉聖宣）

スクーリングの理科の授業プリントの裏表紙に印刷されている言葉です。

（犬塚清和）

いると困る？　いないと困る？

「初等理科教育法」では、授業書を使った模擬授業を学生たちにやってもらっています。授業前、準備室でリハーサルをやっている二人の学生の会話。

「あー、私、ドキドキしちゃう！」

「うんっ、俺、胃が飛び出しそう！」

そのうちに、一人が「今日、飛鳥ちゃん、ちゃんと来てくれるだろうなー」とつぶやきやきました。もう一人が「そうだよー。アイツいないと、困るよなー！」と続けました。

飛鳥ちゃんとは、すごくにぎやかな学生で、思いついたことをすぐに口にしちゃうのです。以前自分でも「私、小・中・高と、ずっと先生たちに嫌がられていたの。私、うるさいと思われていたみたい」と話していました。

授業書《ものとその重さ》の「アルコールの中に水を注ぎ入れたら、体積はどうなると思いますか」という問題のときに、「あっ、先生、〝体積〟って何ですか？」としつこく質問してきたことがありました。その日の感想文に「私は中学の理科のときに〝体積〟って何ですか？と何度も質問したら、先生に〝うるさい、しつこい〟と言われ、それ以来この質問はずっとしてきませんでした。でも、今日は小原先生にはこの質問、したくなっちゃいました」などと書いてきた学生です。

確かに飛鳥さんは〝うるさい存在〟ではあります。しかし、それが仮説実験授業となると、僕や教室の仲間にとってすごく有難い存在になっちゃうのです。

「あっ、アルコールと水とで体積が（足し算したものより）減っちゃった。ちょ～感動！　でも、どうして？　ね、ね、教えて！」

こんな飛鳥さんの反応で、教室がパァーッと明るくなります。みんなが何でも自由に言えちゃう教室になるのです。「教室（社会）にはいろんな人間がいた方がたのしい！」ということを、ごくごく自然に気づかせてくれるのです。

「そうだよー。飛鳥さんみたいな人、絶対いてほしいよねー！」

あれっ、いつの間にか僕まで準備室の会話に加わっちゃいましたよ（笑）。

（小原茂巳）

27

教育を根本的に考え直すとき

ずいぶん昔のことですが、栃木県の校長さんと教頭さんである理科の先生が10人ほどで国立教育研究所に現れて、その一人に「重さはどうやって教えたらいいんでしょうね」と聞かれました。ぼくは〈重さ〉については自信がありましたから、「重さってどういうことだと思いますか」と聞いたら、「岩波の『理化学辞典』にはこう書いてある」と言うわけです。「その辞典に書いてあるのは間違いです」と言うと、「そんなことを言われたら困ります。それでは研究できません」と。

辞典に書いてあることをそのまま信用するんだったら、それは研究ではありません。たとえば、「言葉の意味がわからないから、ちょっと辞書を引いてみたらこう書いてあった」というときには信用したほうがいいです。でも、それ以上研究しようとするときには、場合によっては〈辞典（や事典）も信用しない〉ということです。仮説実験授業の授業書は、辞典（事典）も信用しないで作ってきたのです。

こういうと、多くの人は調子にのって「そうだ、何でも疑い深くなくてはいけない」と言ったり書いたりします。しかし、何でも疑い深いのがいいのではありません。第一、そんなことをしていたら生きていけないでしょう。日常生活上のことは片端から信用してかまわないのです。しかし、「物事を根本的に考え直す」というときは違います。その場合は「考え方の方向を定める」ことになるので、ちょっとでも間違えると大変だからです。そこで、こういうときだけ特別に疑い深くなることが大切なのです。

〈基本的な問題で新しいことを考えたら、自分自身で根本資料に立ち返る〉というやり方をして、それでうまくいった経験を一回でもすることができたらシメタものです。一度成功すると同じことを何度でもすることができるようになるので、たまたま一度成功したことが元になって、同じ人が一人でたくさんの発見をすることになるのでしょう。「成功の経験が成功を呼び起こす」というわけです。以前、「技術と経済の会」というのに呼ばれて、創造性について話をしたことがあります。そうしたら、技術屋さんは「突拍子もない仮説を考えつく能力が大事だ」と言うわけです。〈突拍子もない仮説〉なんて、どうやって思いつくことができるのでしょうか。

みんな突拍子もあるんです。つまり、「地球が丸い」とか「地球が動いている」と考えたりするのは、突拍子もなく空想的に考えたりしたからではなくて、言いだした人はきわめて当たり前に考えてるんです。ただ、普通の人から見ると突拍子もないように見えるだけです。

だから、自分が大いに気になることについては、「この本にはこう書いてある」と言われても、おいそれと信用してはいけません。そういうとき、「どれどれ」と思ってその資料を読むと、かなり違うこと、ときにはまったく違うことが書いてあることが少なくないのです。根源的に考えようとするときには、ぜひとも〈根本資料に立ち返る〉という態度を身につけるようにしてください。これは、〈資料の読み方〉だけではありません。一番大切なのは「問題意識」です。たいていの問題は、「何でそれが問題なのだ」と最初に戻って考え直すと、〈そんなものはなんら問題ではなく、もっと別のことが問題なのだ〉ということが少なくありません。

「下らぬことは改善せず」と平然と言い切ることは難しいことですが、他人に向かって言うことはともかくとして、自分自身ではそういうことを考えることができるようにならないと、物事を根源的に考えることができなくなってしまいます。

ただ「疑い深い」だけでは何もなりません。すべてを疑うだけなら、すべてを信用するのと同じになってしまいます。人々の考えを疑うのは、新しい考えを生み出すためなのです。私は、根本資料からして新しい発見を確認できたら、断固自信をもってその新しい発見の方向に研究を押し進めます。それでまた、新しいことを発見することができるようになるのです。

（板倉聖宣、一九八八年12月、「板倉式発想法に学ぶ会」盛岡）

一枚の感想文

二〇一二年5月の半ば、板倉先生がルネサンス豊田高校の見学に来てくださったのですが、そのときに話してくれた中で、ぼくの心に強く残っている言葉を紹介します。

——教育でも何でも、社会の矛盾はたくさんあります。普通は、矛盾というのは「あってはならないことがある」ということです。〈矛盾があったら困った〉と多くの人は思うけれども、ぼくの好きな言葉は「矛盾が見えたらシメタ」です。矛盾があれば社会が動きます。ところが、矛盾という言葉をよく使う人でも、「矛盾は社会の発展の原動力」という考えを意識的に使っている人はほとんどいません。

ルネサンス高校のような学校は今の社会からすればいろいろな問題があり、吹き溜まりみたいな性格もあって、困った存在かもしれません。困った存在だからこそ、そこから新しい芽が出てきます。すべての子どもたちにエリート教育をするんではなくて、〈その人たちに合った素敵な教育がここで出来るんじゃないか〉というのが、ルネサンス高校に対するぼくの思いであり、期待でもあるのです。

「ルネサンス高校への思い」は、ぼくも同じです。これを実現するのは大変なことだと思う人がいるかもしれませんが、ぼくは楽観しています。それは、ここにいる先生たちの〈問題意識〉の方向性にぼくが共感するからです。悩みながらも生徒たちと誠実に向き合っているその姿に、若い頃の自分をダブらせているのかもしれません。そうした姿を物語るのが、スクーリングの帰り際に一人の女の子が付き添いの先生に渡した感想文です。

この学校の先生たちみたいに、こんなに自分たちのことを想ってくれる大人がいるんだと、本当に感動した。学校やめて、中学もまともに行けず、今までずっと大人に見下されてきて、大人なんか最低だと思っていた自分。でも、先生みたいな人たちに出会えて考えが変わった。先生たちみたいな大人になりたい。本当に涙でした。（有働 京）

読んで、ぼくも励まされます。（犬塚清和）

ヒーロー出現の条件

かつて中学校で授業書《力と運動》をしていたときのことです。

「大きなビー玉と小さなビー玉とではどちらが速く落下するか」という問題。「同時に落下するだろう」に予想したツッパリ越川君が突然物騒なことを言い始めました。

「だって、デブとチビがビルから飛び降りたって同じように落ちるだろう」……あー、突拍子もないこと思いついたもんだなー。

誰も反応してこなかったことが不満だったのか、さらに越川君は黒板の所にやってきて説明を続けました。「いいか、デブの体はチビの体の3人分あるんだ。3人のチビが手をつないでいるようなものなんだ！　だからこの問題は、〈3人のチビが手をつないで飛び降りるのと、1人のチビが飛び降りるのでは、どっちが速いのか〉という実験なんだ。こんなの同じに決まっているだろう！」

　これを聞いた子どもたちから、「おー、なるほど！すごい！」という声が聞こえました。予想変更者も現れ、さらに「教室での実験結果」も〈同時〉だったので、越川君はたちまちヒーローになったのでした。

　――こういうことは、頻繁には起こりません。人の意表を突くような意見って、たいていは〈いつも突拍子もない言動〉でまわりから冷たい目で見られがちな子が、（まれに）授業に夢中になったときに言ってくれるのです。それだけに間違えることの方が多いのですが、でも、ときに「なるほど〜、そんなふうには考えてもみなかった〜」と人を唸らせることもあるのです。

　そんなことが起こる条件としては、授業中「（他人を傷つけないかぎり）何でも言い合える」ということがあるでしょう。また、頭の中にイメージがわき上がってくるような〈応用範囲の広い問題〉の存在は欠かせませんね。そんな条件を満たすのは、僕は仮説実験授業しか知らないのですが……。

　20年以上も前のことなのに、ツッパリ越川君のあの満面の笑みが今もくっきりとよみがえります。

（小原茂巳）

28

「本当の民主主義」を学ぶ

「民主主義というのは、君主主義とか専制政治と比べたら絶対いい」というのが普通のイメージでしょ。ぼくにとってはそうです。

ぼくは、敗戦のとき中学3年生でした。天皇制より民主主義が絶対にいいです。なぜかというと、民主主義には「基本的人権を大事にする」という前提があるからです。専制主義であろうと何主義であろうと、人には「基本的人権を擁護するために闘う」という権利があります。ぼくはそう理解しています。だから、多数決で決まったことだろうとなんだろうと、「やりたくないことをやらせる権利」はありません。つまり、〈自分の基本的人権を守るために、基本的人権を否定するようなものとは断固戦う〉というのが、私にとっての民主主義です。

ところが、あきれた連中がいます。最近そういうことを発見して、ぼくは怒っています。それは、「民主主義で決議したら、決議したことには従わなければならない」と言う人が多いのです。「何をふざけたことを言うのか」と、ぼくはすごく憤慨しています。どうも戦後の「民主主義」の教育というのは、〈多数決に従う〉という教育をしているらしいのですが、そんな民主主義がすばらしいはずがありません。

子どもたちも大人も、民主主義が嫌いです。なぜ嫌いかというと、それはぼくの授業書で考えるとわかります。「生類憐みの令」は帝王というか徳川将軍がやるのですが、アメリカの「禁酒法」は民主主義でやります。「生類憐みの令」を出して綱吉がいくらがんばっても、みんなに言うことを聞かせることができませんでした。みんないいかげんに言うことを聞くわけです。監督が十分に行き届かないから、いくらでもごまかせます。ところが「禁酒法」の方はそうはいきません。民主主義で決めたからです。禁酒法反対は少数派ですから、そこらじゅうで告発されて大変です。

民主主義のもっとも悪いのが「村八分」です。領主様が「あいつを差別しろ」と言っても大して怖くありません。しかし、村の連中のみんなから差別されたら生きていかれません。基本的人権の考えからすればそういうことをしてはいけないんです。民主主義的な決議で基本的人権を剥奪することはできません。つまり、基本的人権と民主主義とどちらが上にあるかというと、これは絶対に「基本的人権」です。

「少数意見の尊重」という言葉がありますが、非常にあいまいです。心で尊重して、実際には奴隷みたいに扱うんです。「尊重しなければならない」と言葉だけ言ったってダメです。「尊重する」ってことは、〈彼らの意思に反することはさせない〉ということです。ぼくは基本的人権というのを一番にしているから、研究所でも研究者の基本的人権を侵すようなことは聞き入れません。他の人も、ぼくがそういう人だと思っているから摩擦は起きません。そういうことでいけば、だんだんと民主主義が本当の意味で復活してくるんだろうと思います。

職場のみんなが嫌うことを管理者が命令するなら、民主主義でやっつければいいんです。民主主義というのは「暴君と闘う手段」であって、〈多数派の人たちが少数派の人をいじめる手段〉ではないのです。ところが、「民主主義は暴君をやっつける以外に機能してはいけない」ということをほとんどの人が気づいていないのです。だから、上から「仮説実験授業をやろう」といっても、ぼくは許しません。

「真理はなかなか勝てないのだから、権力を使わないとうまくいかない」という考え方もありますけれども、ぼくは、理想主義を通したい。勝つかどうかは永遠の課題にしたい。仮説実験授業は永遠に「未来の科学教育」でいいだろう、〈やりたい人がやれる仮説実験授業がいいだろう〉と思っています。

真理は必ず勝つんだからゆっくりいきましょう。「脚気」のような命にかかわる問題だって、「麦飯を食べればいい」ことが認められるまでに五十年も百年もかかるんです。仮説実験授業をやらなくても死なないからね。だけど、やっぱりそれに夢をかけていく――これが本当の正義じゃないかとぼくは思います。

（板倉聖宣、一九八七年2月、「演奏の時代と仮説実験授業」石川・小松）

「ラブストーリー」は突然に

かなり前のことですが、小田和正のヒット曲「ラブストーリーは突然に」は300万枚売れたということです。「♪あの日あの時あの場所で、君に会えなかったら…」とうれしく思い出す。

そのときの「君」って誰なのか。ぼくは、「ぼく」です。たぶん、仮説実験授業をやり続けている人は、仮説実験授業によって出会うことのできた〈もう一人の自分の姿〉を思い浮かべて、そっとこの歌を口ずさんでいるのではないか……と勝手に想像してしまいます。出会いは突然です。偶然です。問題はその出会いが「ストーリー」としてずっと輝き続けて

いくかということです。

今回紹介した板倉先生の「民主主義」の話は、どこかで読んだ気がするという人もいることでしょう。同時期に書かれた「最後の奴隷制としての多数決原理」（『たの授』87年4月号／『社会の法則と民主主義』仮説社に収録）とかぶっているのです。この論文でぼくは〈民主主義と基本的人権の結合〉を納得することができるようになりました。特に「自然法」に出会わせてくれたことで、この論文は以後のぼくの考え方、行動を支えてくれる原理になったのです。

思想家たちは、昔から民主主義的な原理に優先するものとして〈基本的人権〉という概念を産み出したのです。「いかなる社会といえども、基本的人権というものは犯してはいけない。基本的人権が犯されたら、いかなる法も有効性を失う」と

考えて〈自然法〉という概念を生みだしたのです。「どんな社会の法も自然法に反してはならない。自然法はあらゆる法に優先する」というわけです。(板倉聖宣『社会の法則と民主主義』42ページ)

ぼくがかつて理科準備室に掲げていた言葉があります。「教師の仕事は法律を守ることではない、子どもの気持ちを守ることです」は、自然法から出てきたものです。

(犬塚清和)

「ありがとう」が口ぐせ

「ありがとう」「どうもね」……これ、どうも授業中の僕の口ぐせらしいのです。仮説実験授業をしているとき自然に出てきちゃうからしかたないですよねー。

ところで、僕の(中学教師時代の)教え子の栗崎貴志さんが教師になって仮説実験授業を始めたときのことです。当時の指導教官に「生徒の反応に対して教師が〝ありがとう〟を言うのはおかしい!」と注意を受けたというのです。「それでは何と言ったらいいのですか?」と質問したのだそうですが、「〝よくできました!〟〝それでよろしい!〟と言えばよい」と指導されたというのです。

そういえば、大学での教え子たち(教育学部学生)も《授業書》を使った模擬授業のときは、しばしば「ありがとう」を口にします。(う~ん、これって伝染しやすいのかなー)

そんな彼らも、他の科目での模擬授業のとき、指導教授に「〈ありがとう〉は良くないね」と注意されたのだそうです。確かに無意味な〈ありがとう〉

の連発や、気持ちがこもらない〈ありがとう〉には違和感を覚えるでしょう。でも、決定的なのは「授業観の違い」のような気がします。

ところで、いつから僕は〈ありがとう〉が口ぐせになったのでしょうか。それは仮説実験授業を始めるようになってからなのです。

「きっとこの授業書で子どもたちは〈科学を学ぶたのしさ〉を実感して、科学が好きになってくれるぞー。そうだといいなー!」「みんなが意欲的に授業参加し、みんなで知恵を出し合って賢くなってくれるといいのになー!」——そんな願いを持って始めた仮説実験授業。

そしたら、目の前の子どもたちみんなが夢中になって予想と討論をたのしみ、実験結果を目にして(予想をはずした子もいっしょになって)大喜びをしてくれたのです。そんな子どもたちの反応に、僕は心からうれしくなりました。「あーっ、今僕の願いが叶っている。うれしいなー」ってね。それで、ほとんど意識しないで〈ありがとう〉が口をついて出てしまったのです。これは「たのしい授業」から生まれた自然な感情・言動です。これってもしかして「民主的な教師」に近づいている証と言えないでしょうか。

ところが、フツーの授業(教えなくてはいけないから教える——そんな心境のときの授業)になると、この〈ありがとう〉がグーンと減ってしまうのです。教えることで精いっぱいって感じね。悲しいですねー。だから、いつも「たのしい授業〈授業書〉」を求める僕がここにいるのです。

(小原茂巳)

29

自らを変革する授業

私たちが仮説実験授業でもっとも基本としているのはこういうことではないでしょうか。「自分が自分の主人公であるような人間、そういう人間を作る、というよりも守り育てる」ということです。

自分が自分の主人公になるのはあたりまえで、これは何も〈作る〉のではなくて、もともとそうなっているはずのものです。ところが、もともとそうなっているにもかかわらず、実際にはそうならなくなってしまうというのが現在の世の中です。何か権威や多数に追従するような人間、みんなになれ親しむような人間を作るというのがだいたい教育の目標になっていて、だんだんだんだん自分自身が失われていっている。――どうもそういう感じがしてなりません。

私は子どもの本をたくさん書いていますので、ときどきお母さん方から「子どものためにこの本にサインしてくれ」などと頼まれることがあります。そういわれても困ってしまうのですが、最後には「何を書いてもいいですか。困ることを書くかもしれませんよ」とダメを押して、こんなことを書くことにしています。——「勉強したくないことを勉強する子は悪い子です。勉強は本来とてもたのしくてすばらしいものです。その勉強をいやいやながらやるのは大変悪いことです。むりに勉強しなければ、いつかは勉強というものはすばらしいものであることを発見するでしょう。それまで待ちなさい」といったことを書くのです。

私は、「学問と自分自身を大切にすることが一番大切なんだ」ということを考えてこんなことを書くわけですが、何か、学校へ入ると他人の基準に合わせて自分自身を作らなければならなくなります。自分自身の基準に合わせて自分自身を作れなくなるきらいがあるわけです。しかし、一方ではこういうこともいえます。教育というのは、それまで自分の中にあった価値基準に合わせて自分自身を作るだけではない。教育というのは、〈新しい価値基準を発見させることである〉ともいえると思うのです。

創造というのは、もともと「これまで一般的に認められていたこととは違った価値基準を発見し、その価値基準のすばらしさをみんなのものにしていくという働きだ」と私は思います。これまで一般に認められていたこととは違った価値基準を見出したとしても、「これはすばらしいぞ」「こんな美しいものがあるんだぞ」ということを自分自身の心の中にしまっていただけでは、これは創造とはいえない。それをみんなのものにする働き、それが創造活動です。

私たちが本を読んだり他人とつきあってもっともすばらしいと感ずるのは、これまで自分の心にあった価値基準に照らしてすばらしいものに出会ったときよりも、これまで自分でも意識しなかった新しい価値基準を見出したときのほうだといってよいと思います。もともとこういうものを美しいと思っているその美しいものに出会うというのではなしに、今までそういう美しさを知らなかった、そういうすばらしさを知らなかったというものに出会ってしまうということです。そういう意味で、私たちはたえずそれまで自分の自覚しなかった価値を発見し、新しい価値基準を自分の中に作っていく、そうすることによって自分自身を作っていく、といえると思います。

科学の教育もそうです。動物の足の数を手がかりにしてあらゆる動物の世界に想像をめぐらせたときにも、子どもたちはそこにすばらしい世界を発見します。また、原子分子を学んでもそうです。力学の論理が自分たちの常識的・直感的な論理をはるかに超えて、常に正しく実験結果を予想するといったことにも、子どもたちは新しいすばらしい世界を発見します。

私はそういう新しい価値意識を子どもの中に目覚めさせる教育、そういうものがもっともすばらしい教育ではないかと思います。しかし、今の教育は子どもたちの中にそのような価値を目覚めさせるようになっていないわけです。そこで、今の教育界では「教育のすばらしさ」などという言葉が何か空々しい響きをもっています。

（板倉聖宣、一九七二年11月「仮説実験授業への招待」『仮説実験授業の研究論と組織論』仮説社）

「守り育てる」という言葉

〈この30年間で一番よく歌われた曲〉は「世界で一つだけの花」だそうです。軽快で歌いやすいからでしょう。10年前、ぼくが退職の頃にとても流行っていました。卒業式や入学式の来賓の挨拶で「ナンバーワンにならなくてもいいからOnly oneになってください」というフレーズをよく耳にしました。そして、ぼくはその言葉に空々しさを感じていました。「今しゃべっているあなたは、それを目指して生きているのか」って。

ぼくは「子どもたちにそうなってほしい」と思うことよりも、「ぼく自身がそうありたい」と思うことのほうが普通でした。だから、「世界で一つだけの花」願望を抱いているらしい来賓より、「ぼくの方が〈自分が自分の主人公〉の生き方をしている」という気持ちになり、その挨拶を空々しいものと聞いていたのです。

「自分が自分の主人公になる人間、そういう人間を作る、というよりも守り育てる」というのは、仮説実験授業の、というか板倉さんがめざす教育の基本です。

ぼくは、この板倉先生の「作る、というよりも守り育てる」という、この言い方がとても好きです。同じように好きなのが「自らを変革する」という言葉。どちらも仮説実験授業でもっとも重要な「一切の押しつけを排除する」というところからきている言葉です。

「自分が自分の主人公になる人間／自らを変革する――そんなことを保証できるような授業をしてい

るのか」と問われると、ぼくもちょっと苦しいですが、〈ゼロでない〉ことははっきり断言できます。
（犬塚清和）

自分を好きになれた自分の発見

理科教育法の最終講義で、僕は学生たちに自己評価をつけてもらいました（大学での評価は「S・A・B・C・D（不合格）」の5段階）。

おしとやかな鈴木愛理さんという女子大生は、自分自身に最高の「S」の評価をつけて、その理由を次のように書いてきました。

◆「私は降伏する勉強が嫌いで、ほとんどの勉強はわけがわからず嫌になっていましたが、この授業では、自分の主体性も出せるし、科学のたのしさ・素晴らしさも学べるので、毎回意欲的に取り組むことができました。そして小原先生が〝自己評価は、自分で低く思っていないときに低くつけるのはダメだよ〟と言っていたのでちょっと大きく出てしまいました」

このように、無理のない言葉で自分のことを「よくやった！」と讃えられる学生たちを目の前にすると、僕もシアワセな気持ちになれます。僕自身にも「S」をつけたくなっちゃう（笑）。

久保文香さんは「理科嫌い・苦手」という音楽コースの女子大生です。授業書《ものとその重さ》の授業評価（5段階）とその理由を次のように書いてくれました。

◆「私、1秒で決めましたよ、⑤って！　本当に楽しかった。楽しいけど、ちゃんと〈重さ〉のことも学べた感じ。先生が言っていた〝苦手なのは、本当の科学の勉強に出会ってなかっただけのこと〟が、私、今よくわかった。この授業では、興味があっちこっち湧いてきて、思ったことを口にポンポン出してしまいました。〔略〕私も将来、この楽しさを小学生の子たちに伝えてあげたい。そのためにはまずは自分自身で楽しむことが大事なんだなーって思いました。だって、自分の嫌いなことなんて教えてあげても絶対楽しくならないですよね！　それは絶対に子どもたちもわかると思います。先生、これからも楽しいこと、いっぱい見つけましょうね！」

〈自分の思わぬ可能性〉に気づいた学生たちは、その喜びの声でもって、いつも僕に、〈僕自身の素晴らしさ〉を気づかせてくれます。これはもう「S」決定！

（小原茂巳）

授業書はこのように学生たちと僕に〈新しい世界〉〈新しい自分〉との出会いの機会を与えてくれます。

30

教育における明治維新・仮説実験授業

仮説実験授業というのはもともと自然科学の授業を中心として展開したものです。だから、授業書は自然科学が圧倒的に多いのですが、最近では社会の科学に関するものが相当に増えています。じつは、私自身は自然科学の畑の人間でございますが、〈社会がわかるためには社会科学だけわかったってどうしようもない〉ということを学生時代から思っていました。自然科学は「技術者になったりするときに必要かもしれないけれども、その他のときは必要ない」ような気がするかもしれませんが、そうではありません。なぜ自然科学をちゃんとやらなければならないかというと、自然科学の厳密さ、自然科学の冷酷とまでいえる綿密さを知れば、社会の問題をきちっと考えられる人間が育つはずだからです。

私は今日の日本の社会科学者、いや世界の社会科学者がどうしようもなく不勉強だと思います。それらの人たちは自然科学をちゃんとまじめに勉強していません。自然科学がどれほど厳密にできており、どれほど確実なものかをわかっていません。自分がどんなに誠実であっても、それで正しい結果が出るわけではありません。法則に忠実であるほかないのです。にもかかわらず、社会科学者たちは「善意が大事だ、正義が大事だ」と、真理よりも正義を先に主張してしまった。

その結果、客観的にものが見られなくなります。「私はヒューマニストであるから、私のほうが真理を得られるに決まっている」などと……そんなバカなことはないのです。それは「神を信じれば自然の法則がわかる」ということがいえないのと同じです。神を信じようと信じまいと、自然の法則をちゃんと発見しようとして、それなりに努力した人が自然の法則をわかるようになるのです。唯物論者でなければ発見できないことはないし、観念論者では発見できないこともない。ヒューマニズムであろうとなかろうと、真実は真実です。そういうことをきちっと明らかにしていけば未来が見えるようになります。だから私は、まず自然科学についての教育をちゃんとすることが大事だと考えます。

私は「自然科学についてちゃんと教えれば社会の科学についてもわかってくれる人がたくさん出てくるだろう」と期待しました。実際、わかってくるように思えましたけれども、決定的にはダメです。「自然科学は客観的に中立だが、社会の科学では党派的になるのは仕方がない」と考えて、自分の善意を前面に出してしまう人がたくさんいます。そこで私は、社会の科学についても自ら勉強して新しい授業書を作ってまいりました。

「正義は、押しつければとたんに不正義になる。押しつけてもいい正義などありえない」と私は思っています。真理もそうです。真理は押しつけても真理に見えるけれども、真理として受け取られなくなります。だから、正義とか真理とかいうものは押しつけてはいけない。子どもたち一人ひとりが十分に納得できるような手立てを講じなければいけないのです。ところが、これまでは自然科学についても社会の科学についてもそういう手立てを講ずることが考えられてまいりませんでした。

これまで社会科学の最先端にいた人たちは、自分は納得したかもしれないけれども、他人を納得させるための手続きをきちっとわかっていないために、自分自身もごまかしてきました。他人を説得できないときは自分がおかしいのですが、社会の科学者も自然の科学者も「こういうことがわかるのは特別に頭のいい勤勉な子どもだけだ」とうそぶいてまいりました。

それに対して私たちは、「そうではない。すべての人間にわからないような〈科学〉は科学ではない。よく科学を分析してその認識過程を勉強していけばすべての子どもたちにわかる」と主張してきたわけです。これは私の〈信念〉ではありません。私の信念は50％しかなかったのですが、実際には「100％といってよろしい」という結論になりました。自分の信念だけだったら自信はもてませんが、仮説実験授業をやってくださった多くの人たちが「本当にそうだ」と認めてくださるから信用することができるのです。

（板倉聖宣、一九九二年4月、「仮説実験授業入門講座」沖縄）

「確かな証拠」をにぎりしめて

今回紹介したのは、沖縄／仮説実験授業入門講座のときの講演の一部です。この講演記録は牛山尚也さんがガリ本『未来の風』（一九九二年）に載せています。彼は、「編集後記」にこう書いています。

——「学校では目の前のことに翻弄されてうつむいてため息をつくこともあります。でも、この板倉先生の話を聞くと〈教育の明治維新は仮説実験授業をもとにした改革以外には考えられない〉、今この時代に教育に携わることができるのは幸せなことだと元気になります」

その後、牛山さんは公立高校の教師に見切りをつけてルネサンス豊田高校で自らの「教育への夢」を追い続けています。

ぼくは彼より20歳ほど年をとっていますが、気持ちでは負けません。「今、ここを投げてはいけない」とたえず自分に言い聞かせて舞台に立ってきたという森光子さん（一九二〇〜二〇一二、女優。舞台『放浪記』の上演回数は二千回を超える）の言葉にも力づけられます。しかし、さらにぼくを力づけてくれるのは、ここにある1枚の色紙に書かれた板倉さんのことばです。

私は仮説実験授業提唱の3年後に『未来の科学教育』を世に出しましたが、同書は今なお「未来のもの」となっています。「先の見えすぎ」は「お先まっくら」となりがちですが、「未来はゆっくりとたのしむもの」という思いを新たにしています。

多くの革命は、あせるから悲惨なものになるのだと思います。本当に大きな改革は、そんなに短期間には実現できないのだと思います。科学はその教育をゆっくりおし進めてきて、ついには大きな変革となって現れてくるのだと思えてなりません。ムリせずに、お互いに未来をゆっくりたのしもうではありませんか。着実に未来に進めば、未来は明るいのだと思います。

板倉さんが「キリン館30周年の会（二〇一一年8月」のお祝いに書いてくれたこの「色紙のことば」に、ぼくは自分の夢を重ねています。

（犬塚清和）

科学！　ほんものの魅力

教え子のほとんどが「科学はたのしい／科学が好き／科学がわかった自分が好きになった」と答えてくれました。「嫌いになった／わからない」は皆無。それは中学で仮説実験授業を35年間ずっとし続けてきた僕の誇りです。「すべての人間にわからないような〈科学〉は科学ではない」と板倉先生。「その通りっ！」です。

10年ほど前に大学から「理科教育」の講義依頼があったときも、「えっ、この僕にできる？」とちょっぴり不安があったものの、すぐに、「授業書さえあれば大丈夫さ」という予想が立ちました。実際、大学生は僕の授業を歓迎してくれ、その後もずっと高い評価をつけ続けてくれています。さらに、二〇一〇年から始まった「教員免許更新講習」でも、小学校現職教諭たちに好評価をつけてもらっています。「仮説実験授業はすべての人間に理解され、歓迎されることで、本物の科学であることがわかる」といってもいいでしょう。

しかしです。そうは言っても、新しい出会いのたびに僕は胸がドキドキ。特に最近担当することになった〈音楽・美術コース〉のクラス。「理科なんか大嫌い！」「面倒くさい」と公然と言ってるし、〈やる気なしムード〉が満ち満ちています。最初の時間なんか、15名中なんと4名が欠席、9名が遅刻です（タラ〜）。それでも「初等理科教育法」では、授業書による模擬授業の先生役を（希望制で）やってもらうことにしていました。果たしてこのクラスで〈希望制〉が通用するのだろうか？

ところが、仮説実験授業を数時間体験した彼女たちは次々に「たのしかった」「こんなたのしい授業なら私もやってみたい」と言ってきたのです。中でも最高にダルそうにしていた菅原さんまで名乗り出て先生役をやったのでした。

「だるい、面倒くさいが口癖の私にとっての模擬授業。やってみて〈たのしかったなあ！　また、やりたい！〉という自分がいました。本当にやってよかったです」

教師くささ0％でお化粧バッチシ超美人の彼女が言うのですから信頼度100％です。

（小原茂巳）

あとがき

この本は、もともとは「仮説実験授業の源流を探る」というタイトルで『たのしい授業』に連載（二〇一〇〜二〇一三年）したものです。

「仮説実験授業」というのは科学の授業ですが、ごく最近、「仮説実験授業ってなんだ」という質問にある若者が答えてくれた言葉が面白かったので一部を紹介しておきます。「仮説って、ハンパないって！　子どもがめっちゃ授業が楽しいっていうもん」。

なるほど。でも、授業をするぼくたち教師にとってもその魅力は底が知れません。そこで「その奥を探ってみよう」というわけです。

「仮説実験授業の源流」は、もちろん板倉聖宣さんです。だから、それを〈探る〉となれば板倉さんにインタビューするのが一番いいのかも知れません。でも、板倉さんのたくさんの講演や著書などをとおして探ってみたら、効率は悪くても学ぶたのしさがありそうです。実際、板倉さんの言葉は、何度読み返しても、その度に新しい発見があるのです。

ただし、この連載をはじめる前から、ぼくの心の中には、『たのしい授業』の読者を「板倉さんの世界へ招待しよう」という気持ちがありました。そこで、まず板倉さんの了解を得た上で、講演記録などの中から特に気になる部分を抄録して紹介することにしました。「長い文章は苦手だ」という人にも気軽に読んでほしいからです。さらに招待する側には、できれば一緒にそばにいてくれて「そうだね」と相づちを打ってくれたり、別の視点で話題を広げてくれる人がいてくれたら場が和みます。そのほうがぼくも気が楽だし……。ということで、小原茂巳さんに共同招待人になってもらうことにしました。

小原茂巳さんとは長いつき合いですが、ただそれだけではありません。仮説社の竹内三郎さんが以前ときどき口にしていた「犬塚・小原のちがい」を思い出したのです。「どちらも仮説実験授業を生きがいのようにしている中学の先生だけど、犬塚さんは軸足が〈科学教育〉の方にあるけど、小原さんは〈科学教育〉に軸足があるんだよ」。竹内さんのいうこの違いは、若いときはピンと来なかったけど、そうなのかも知れません。ただ、若いときはその違いがはっきりしていたとしても、仮説実験授業とのつき合いが長くなるにつれて、軸足の違いは薄れているように思えます。それでも小原さんのことです。ぼくとは違った〈板倉聖宣の世界〉の新しい魅力を見せてくれるに違いないと思ったのです。案のじょう、連載がはじまってすぐにぼくは、「紹介した板倉さんの文章に小原さんがどんなメッセージを書いているだろうか」と、読者の一人として『たの授』を開くのが楽しみになりました。

ところで、「板倉さんの世界」はものすごく広いので、「招待しよう」などといったって、案内できるのはほんの一部にすぎません。それでも、です。ほんのちょっとでも共感できることが見つかったら、あとはそれを自分の中でだいじにして、かわいがってけばいい。ひとや書物から学ぶって、そういうことだと思います。〈育てたい〉と思ったものを見つけることが、〈学ぶ〉ということだとぼくは思っています。

この30篇の板倉さんの短い文章……といっても講演記録が多いのですが、発表年代は前後しているし、「系統性」にも欠けています（この後に「発表年月順のもくじ」も掲げておきます）。そんな中から1篇でも、〈自分の中で育てたいもの〉に出会えたら、いつか板倉さんのまとまった文章を読んでみるといいでしょう。本文の中には、たとえば『仮説実験授業をはじめよう』など何冊もの書名もでていますから、そのへんからはじめてもいいかもしれません。仮説社のホームページなどをみると板倉さんの著書がたくさんあって驚いてしまうかもしれませんが、ちょっとだけ無理して読んでみると、新しい発見に出会えるでしょう。

半世紀ほども昔のことですが、ぼくは夏休み前のちょうどこの季節、恩師にすすめられて買った『仮説実験授業』（庄司和晃著、国土社）という分厚い本（現在、仮説社刊）。22歳の新卒のぼくにはまったく読み進むことのできないものでしたが、「仮説実験授業」と「板倉聖宣」の二つは頭に残っていました。おかげで板倉講演を聞きに行ったり、仮説実験授業の実際を見る機会もできました。ふだんの教科書での自分の授業のつまらなさを生徒の感想文からも知らされていたぼくです。コワゴワでもなく、ドキドキ感もなく、これをやるんだという強い意志もなく、「プリントを配って、生徒に予想を聞いて、実験をする」という授業をはじめることになりました。この、「先生は楽で、生徒はそれなりに喜んでいる授業」との出会いは、それ以後のぼくの教師の道を決定づけてくれるものでした。

なお、この本の著者としては、板倉・犬塚・小原の三人の名前が出ていますが、第5項（理想主義と研究至上主義の成果）には齊藤萌木さんが執筆してくれました。齊藤さんはぼくに二つの大学で仮説実験授業をする機会を作ってもくれましたが、「授業の楽しさ」「科学を学ぶことの楽しさ」を、若い人たちに体験させてもらえたことがうれしかったです。あわせてお礼申し上げます。

また、今回この本をつくるにあたっては、竹内三郎さんはじめ、渡辺次郎さん（装丁）、成松久美さんなどの仮説社の方々にはとてもおせわになりました。特に竹内さんの助言や編集がなかったら、こんなに読みやすいものになっていなかったでしょう。さらに、板倉講演を記録・保存してくれたたくさんの方々、膨大な『板倉講演記録年譜』をまとめてくれた松田心一さん。みなさん、ありがとうございました。

板倉さんと出会って、53年が過ぎていきました。これからまだまだ長生きすればしただけ自分の中の「板倉さんの世界」は広がり深まっていくのではないかと思えるのがうれしいです。小田和正の「♪誇りと正義のために戦う自分がいるはず」（「この道」）を口ずさんで生きていきます。

二〇一八年7月1日

犬塚清和

〈発表年月順のもくじ〉

タイトル――ページ（板倉講演/論文の実施/発表年月日）講演の場所など。

3　石橋をたたいて堂々と渡る―― 23（1966.3.10）タイプ版機関誌
29　自らを変革する授業――179（1972.11.8）大阪・四條畷
18　教育が生まれかわるために――113（1973.3.3）東京
24　楽しい授業を実現する基本的条件――149（1974.8.23）徳島・四国数教協
12　〈動機の構造〉から考える―― 77（1975.10.19）愛媛大
6　教育に「実験」は許されるか―― 41（1978.6.4）愛知教育大
28　「本当の民主主義」を学ぶ――173（1982.2.28）石川
17　科学的認識と文学的表現――107（1982.5.1）美術の授業研究会，神奈川
5　理想主義と研究至上主義の成果――35（1983.4.22）東京
13　楽しい授業への条件――83（1984.8.16.）静岡
4　授業書作成における民主主義――29（1984.12.28）愛知・三河ハイツ
26　「教育の多様性」の重要性――161（1985『たのしい授業』11月号）
21　科学的教育学の成立――131（1985.12.28）愛知・三河ハイツ
22　絶対的自己賞賛――137（1987.2.11）熱海
2　科学は自然発生しない――17（1988.8.28）愛知・ガリ本図書館
19　仮説実験授業の基本――119（1988.8.29）愛知・三河ハイツ
27　教育を根本的に考え直すとき――167（1988.12.28）岩手
11　問題意識を大切に――71（1989.2.5.愛知）『たの授』2018. 5月号に再録
14　「理気論」と仮説実験授業――89（1989.4.29）岡山
10　教育でしか実現できないこと―― 65（1990.2.3）愛知
7　科学を〈みんなのもの〉にする仕事―― 47（1990.5.3）還暦記念，上野
9　物質同定の原理―― 59（1990.12.28）愛知・三河ハイツ
1　これまでとは違う原理に基づいて考える――11（1990.12.29）愛知
30　教育における明治維新・仮説実験授業――185（1992.4.19.）沖縄
8　アマチュア主義の伝統が生きる時代―― 53（1998.5.1）尼崎
20　おもしろくないことは勉強しない能力――125（2002.1.26）京都教育大
25　仮説実験授業とは何か――155（2002.3.24）愛知
15　〈学んだ感動〉が記憶に残る授業―― 95（2004.1.4.）那須塩原大会
16　感動的な発見と自由な発想をもとに――101（2004.10.30）ミニ授業書
23　「ないものがある」という認識――143（2007.1.12）東京

＊原文が収録されている書籍・ガリ本などは，本文中に記してあります。

板倉聖宣《いたくらきよのぶ》

1930年　東京の下町（現・台東区東上野）に生まれる。
1951年　学生時代に自然弁証法研究会を組織。機関誌『科学と方法』を創刊。
1958年　物理学の歴史の研究によって理学博士となる。
1959年　国立教育研究所（現・国立教育政策研究所）に勤務。
1963年　仮説実験授業を提唱。仮説実験授業研究会代表（〜2018）。
1973年　月刊『ひと』（太郎次郎社）を遠山啓らと創刊。
1983年　月刊『たのしい授業』（仮説社）を創刊。2018年まで編集代表。
1995年　国立教育研究所を定年退職（名誉所員）。私立板倉研究室を設立。サイエンスシアター運動を提唱・実施。その後「科学の碑』の建設なども。
2013〜16年度　科学史学会会長。
2018年 2月7日 逝去。

著書　科学史・教育史の専門書の他，仮説実験授業を中心とする科学教育・社会の科学，特に歴史教育，科学啓蒙書，科学読み物，絵本など，広い範囲にわたって多数。たとえば，『原子論の歴史』『模倣の時代』『増補 日本理科教育史』『仮説実験授業』『未来の科学教育』『科学的とはどういうことか』『歴史の見方考え方』『もしも原子がみえたなら（絵本）』（以上，仮説社），『日本史再発見』（朝日新聞），『ぼくらはガリレオ』（岩波書店）等々。

犬塚清和《いぬづかきよかず》

1942年　愛知県西尾市に生まれる。愛知学芸大学（現・愛知教育大学）卒業。
1965年　同市で中学校の教員となる（1967年〜仮説実験授業研究会 会員）。西尾サークルを拠点にガリ本発行の中心となる。教員を定年退職（2003年）後も全国をとびまわり，仮説実験授業研究会の事務局長を続けている。ルネサンス豊田高校校長・ルネサンス高校グループ名誉校長。

著書　『教師6年プラス1年』『輝いて！』（仮説社），『こんな学校があってよかった』（キリン館），その他，『科学入門教育』『未来の風』等編著多数。

小原茂巳《おばらしげみ》

1950年　宮城県登米郡に生まれる。5人兄弟の末っ子。
1974年　中央大学理工学部卒業。75年，東京都葛飾区綾瀬中学校で初めて教壇に立つ。すぐに仮説実験授業を知り，同研究会の会員に。中学生が楽しみに待つ授業記録「授業通信」を発明。その後，都内の公立中学校7校を経て，現在は明星大学特任准教授。昭島「たのしい教師サークル」主宰。

著書　『授業を楽しむ子どもたち』『たのしい教師入門』『未来の先生たちへ』（仮説社），他。『たのしい授業』に多くの論文を発表している。

板倉聖宣の考え方　授業・科学・人生

著者　板倉聖宣
　　　犬塚清和・小原茂巳
編集　竹内三郎　　編集補助　成松久美
装丁　渡辺次郎
発行所　株式会社 仮説社
　　　170-0002　東京都豊島区巣鴨1-14-5
　　　☎03-6902-2121
　　　kasetu.co.jp　　mail@kasetu.co.jp

2018年8月6日　初版発行（1200部）

印刷・製本　株式会社 エーヴィスシステムズ
用紙　カバー：OKトップコート＋キクY／表紙：OKエルカード＋KY／見返し：タントN-57四六Y／本文：クリーム金毬四六Y

Printed in Japan　ISBN978-4-7735-0288-6　C0037